Gran libro de letras y números Montessori

Actividades ideadas por Delphine Urvoy,
maestra

Ilustraciones de Lotie

LAROUSSE

Créditos fotográficos

Shutterstock.com ©: asantosg; Rashad Ashurov; Visual Generation; Vector Market; meinlp; Fargon; chotwit piyapramote; besunnytoo; Ovocheva; Kazakova Maryia; Iconic Bestiary; Ksenya Savva; ColinCramm; Masa Marinkovic; andere andrea petrlik; Macrovector; rangsan paidaen; losw; Maxito; jehsomwang; Big Boy; Tashsat; Katata; KittyVector; cobalt88; Artshokolad; NPavelN; urfin; totallyjamie; Danilo Sanino; Skokan Olena; Ekaterina Zimodro; OlgaSiv; iaRada; T-Kot; MSSA; ARNICA; Svetlana Maslova; Dmitrieva A; Kakigori Studio; newcorner; Jemastock; Sarawut Padungkwan; Tomacco; BlueRingMedia; Chistyakova Julia; Anna Rassadnikova; Scherbinka; nataka; Pogorelova Olga; Yoko Design; Kasp Air; Rivan media; Barmaleeva; Spreadthesign; mything; moonkin; stockakia; vectorstockstoker; pichayasri; Ganna Bassak; Seamartini Graphics; Iconic Bestiary; zzveillust; Mascha Tace; lattesmile; Dakalova Iuliia; Sim Lev; nalinn; SVStudio; Tatsiana Tsyhanova; Ksenica; fresher; studioworkstock; Vea_blackfox; Chet; MuchMania; pichayasri; Artspace; lady-luck; Veleri; Victoria Sergeeva; MarinaDa; julymilks; Oleg7799; grmarc; Eisfrei; Alka5051; Jane Kelly; Viktorija Reuta; Nikiparonak; Marharyta Paviluk; Jackie Nishimura; Tribalium; Omela; Bienchen-s; Chikovnaya; Ksenia Loginovskikh; SergeiSki; Netta07; kernel panic; Fricke Studio; Art101; nikiteev_konstantin; Enache Dumitru Bogdan; Kachalova Kseniia; M.Stasy; flowerstock; Aratehortua; GraphicsRF; Media Guru; Iryna Stegniy; VectorPot; mhatzapa; Pushkin; Kauriana; Reamolko; Nadzeya Dzivakova. © Depositphotos.com

EDICIÓN ORIGINAL
Dirección de la publicación: Carine Girac-Marinier
Dirección editorial: Claude Nimmo
Dirección editorial adjunta: Julie Pelpel-Moulian
Edición: Alice Donet
Dirección artística: Uli Meindl
Diseño gráfico: Cécile Rabataud

EDICIÓN PARA MÉXICO
Dirección editorial: Tomás García Cerezo
Gerencia editorial: Pedro Jorge Ramírez Chávez
Traducción: Imma Estany
Adaptación: Diego Cruz Hernández
Adaptación de portada: Nice Montaño Kunze
Coordinación de salida y preprensa: Jesús Salas Pérez

D.R. © MMXXI Ediciones Larousse, S.A. de C.V.
Renacimiento 180, Col. San Juan Tlihuaca,
Azcapotzalco, México, 02400, Ciudad de México

Primera edición: 2021 - Segunda reimpresión, 2023

ISBN: 978-607-21-2467-7

Impreso en México — *Printed in Mexico*

Este libro se terminó de imprimir en el mes de abril 2023, en Corporativo Prográfico, S.A. de C.V., Calle Dos Núm. 257, Bodega 4, Col. Granjas San Antonio, C.P. 09070, Alcaldía Iztapalapa, México, Ciudad de México.

En Hachette Livre México usamos materias primas de procedencia 100% sustentable

PRÓLOGO

Los niños son unos exploradores incansables. Tienen "curiosidad por todo, son capaces de prestar una atención extraordinaria y tienen la capacidad de absorberlo todo, como las esponjas absorben el agua", escribía Maria Montessori.

Su "espíritu absorbente" permitirá a tu hijo apropiarse de su entorno. Sus cinco sentidos le dan la capacidad de establecer vínculos, de categorizar y, por tanto, de comprender el mundo que lo rodea. Maria Montessori fundó su pedagogía en esta educación sensorial, a la que asoció unos materiales didácticos, como las letras rugosas, que operan como "una escala": estos materiales pretenden responder a la necesidad del niño de actuar por sí mismo y de llegar progresivamente a "hacerlo él solo".

Esta cultura de la iniciativa y del deseo de aprender es la base de la pedagogía Montessori. "La inteligencia sólo puede ser guiada por el deseo. Para que haya deseo, es preciso que haya placer y alegría. La inteligencia sólo crece y da frutos desde la alegría. La alegría de aprender es tan indispensable para los estudios como la respiración para los corredores".

Frente a estos descubrimientos sensoriales, es primordial dar al niño tiempo para que se construya: para despertar su interés, respetar su desarrollo, sus preferencias, sus elecciones y sus necesidades. Por eso es tan importante no imponer una actividad a tu hijo. Espera a que ésta responda a sus necesidades de descubrir. Si él es actor de sus aprendizajes, su valoración y su autoestima, así como su motivación, serán aún mayores.

En el camino de la lectura y la escritura, esta obra pretende modestamente ayudar a tu hijo a aprender a "trabajar solo", para que así gane confianza en sí mismo y adquiera autonomía.

En la primera parte del libro se hace hincapié en la observación, ya que va a permitir a tu hijo crear las estrategias que más adelante le resultarán indispensables para el aprendizaje de la lectura y la escritura. Identificar diferencias, percibir índices, observar similitudes, distinguir o comparar formas y así desarrollar la mirada; todas ellas son actividades de observación con las que podrá desarrollar la atención y la capacidad de memorizar, sus referencias en el espacio y su lógica.

A continuación, la parte dedicada a las letras propone, junto con el alfabeto móvil de letras rugosas situado al final del libro, un conjunto de actividades en torno a cada letra del alfabeto:

- **Una página de práctica de la escritura.** Invita a tu hijo a seguir la letra con los dedos a la vez que pronuncia su sonido, como con las letras rugosas, antes de que se inicie con un utensilio para la escritura. Éste debe ser adecuado para su edad: demos a las manos pequeñas lápices finos. Los lápices gruesos a menudo inducen a una sujeción inadecuada. Tu hijo debe sujetar el lápiz entre la yema del pulgar y la última falange del dedo mayor; frente al pulgar, el índice se coloca sobre el lápiz. El niño debe sentarse bien, con ambos pies en el suelo. Las letras en mayúscula, aunque no permiten adquirir la fluidez necesaria para la escritura ligada, sí ayudan a practicar la motricidad fina y la coordinación motora. Son un medio valioso y menos costoso, ya que gráficamente es más sencillo y permite que el niño, a partir de los 3 años, escriba su nombre o bien palabras que le gustan, como "PAPÁ" o "MAMÁ".

- **Una actividad sobre el sonido de la letra,** que reforzará o profundizará el trabajo realizado con las letras rugosas y los objetos.

- **Una actividad de descubrimiento de las correspondencias entre las letras en sus diferentes grafías.** Es una prolongación experta de las actividades de discriminación visual que se incluyen en la primera parte del libro. Pero la vida cotidiana también es una buena ocasión para interpelar a tu hijo sobre los textos que le rodean: títulos de libros, envoltorios, pancartas, carteles, etc. En nuestro entorno hay textos por todas partes. Jugar a reconocer las letras es una actividad a menudo agradable para los niños pequeños.

- **Una actividad lúdica** que refuerza el gesto motor, la situación dentro del espacio y la observación con el grafismo, el trazado de precisión y la lógica.

En la tercera parte de la obra, el niño se sumerge en el mundo de los números y las cifras. Las ocasiones de la vida cotidiana de encontrar números y cifras no faltan: contar el número de cucharas necesarias cuando se pone la mesa, contar los tesoros que nos llevamos a casa después de un paseo, enumerar los lápices que faltan en un estuche, repartir una servilleta a cada persona presente, etc. Las actividades propuestas son una continuación más abstracta de las experiencias concretas de la vida diaria.

Para terminar, en la última parte, tu hijo podrá medir sus progresos y sus logros por medio de algunas actividades más complejas.

En el anexo descubrirás el alfabeto móvil de las letras rugosas que el pequeño podrá recortar y crear con tu ayuda. Una explicación completa lo guiará en la realización y la utilización de este alfabeto, una herramienta indispensable en la pedagogía Montessori.

Así, al término del recorrido que le propone este libro, tu hijo no sólo habrá descubierto el universo de las letras y los números, en formas y cantidades, sino que también habrá adquirido confianza en el aprendizaje del mundo que le rodea, ¡y estará preparado para lanzarse a nuevos descubrimientos!

Delphine Urvoy
Maestra

CONTENIDO

Observo 7

El camino del pollito 8

El juego de las mitades 9

¿De quién es esta sombra? 10

A cada cual, su pelaje 11

El sudoku de los animales 12

El rompecabezas del elefante 13

El paseo de la tortuga 14

El juego de los colores 15

Langostas en todos los sentidos 16

¿Dónde está mi sombra? 17

¿De quién es esta cola? 18

La pista del lobo 19

El juego del espejo 20

El ratón se cuela 21

¿Dónde está mi gemelo? 22

El laberinto del lince 23

El sudoku de los animales 24

El laberinto de la tortuga 25

El rompecabezas del bosque 26

El rompecabezas del wapití 27

El jardín de las mariposas 28

En torno a las letras 29

La letra A 30

El sonido "a" 31

El cocodrilo goloso 32

El arcoíris 33

La letra B 34

La ballena y la beluga 35

El balón 36

El búho 37

La letra C 38

En la cocina 39

En mi mochila 40

El cuaderno escolar 41

La letra D 42

El camino del sonido "d" 43

El delfín 44

El dromedario 45

La letra E 46

El erizo 47

La letra E 48

El elefante 49

La letra F 50

El sonido "f" 51

Las flores 52

Las frutas 53

La letra G 54

El gorila goloso 55

La garza 56

El girasol 57

La letra H 58

La hierba 59

El helicóptero 60

Las hojas del abeto 61

La letra I 62

El sonido "i" 63

Los insectos 64

El iglú 65

La letra J 66

El camino del sonido "j" 67

El jaguar 68

La jirafa 69

La letra K 70

El camino del sonido "k" 71

El kayak 72

El koala y las hojas de eucalipto 73

La letra L 74

La lotería de los animales 75

La libélula 76

Los lápices azules 77

La letra M 78

El manzano 79

La mariposa 80

El medio en el que viven 81

La letra N 82

Néstor, el enanito de jardín 83

Las nubes 84

El navío tricolor 85

La letra Ñ 86
La cabaña de la ñ 87
La letra O 88
La orca y el otario 89
Una olla llena de hortalizas 90
Un cojín para tu osito 91
La letra P 92
La fábrica de paletas 93
La pócima de la bruja 94
El pez 95
La letra Q 96
El camino del sonido "q" 97
El quetzal 98
La quiche de colores 99
La letra R 100
La merienda del robot 101
El regalo 102
La rana 103
La letra S 104
El sendero del saltamontes 105
El sol 106
La espiral sin fin 107
La letra T 108
Té y tartas 109
Las escamas de la tortuga 110
La tela del vestido 111
La letra U 112
El sonido "u" 113
Los utensilios 114
El universo 115
La letra V 116
De viaje 117
La vaca 118
El color verde 119
La letra W 120
El wapití 121
La letra X 122
El sonido "x" 123
El taxi 124
El xilófono 125
La letra Y 126
El yate 127

El yak 128
El yogur 129
La letra Z 130
El camino del sonido "z" 131
La zanahoria 132
Los tenis 133

En torno a los números 135
El número 1 136
El número 2 138
El número 3 140
El número 4 142
El número 5 144
El número 6 146
El número 7 148
El número 8 150
El número 9 152
El número 10 154

Lo que aprendí 157
Mi nombre 158
Las flores 159
La canción del alfabeto 160
Círculos, triángulos y rectángulos ... 161
Los 5 continentes 162
El caracol de colores 164
Formas y colores 165
El globo 166
El alfabeto de la abeja 167
Los sonidos 168
La locomotora 169
El dinosaurio 170
El laberinto de los números 171
Las rimas 172
La serpiente 174
Los intrusos 175
Las casas de los animales 176
Los elefantes 178

Recortables 179
Adhesivos
Mi alfabeto móvil

Observo

En esta primera parte priorizaremos los juegos de observación.
Aquí encontrarás actividades de observación que permitirán
a tu hijo desarrollar la atención, la memorización,
sus referencias en el espacio y su pensamiento lógico.

El camino del pollito

Sigue el camino con tu dedo para ayudar al pollito
a encontrarse con sus hermanos y hermanas.
Luego dibuja algunos puentes a lo largo del trayecto.

El juego de las mitades

Estos animales perdieron sus mitades. Búscalas en la página 179, recórtalas y pégalas en el lugar correcto.

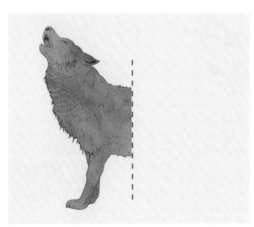

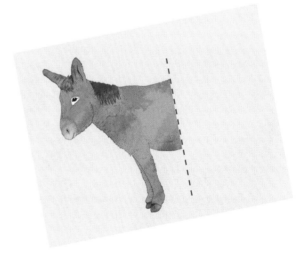

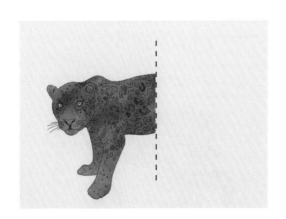

¿De quién es esta sombra?

Une cada animal con su sombra.

A cada cual, su pelaje

Recorta en la página 179 los pelajes de los animales y pega junto a cada animal el pelaje que le corresponda.

El sudoku de los animales

Recorta los recuadros de la página 179 y luego pégalos en el lugar correcto para que cada animal aparezca una sola vez en cada línea, en cada columna y en cada espacio de color.

El rompecabezas del elefante

Recorta las piezas en la página 181 y luego reconstruye el rompecabezas.

El paseo de la tortuga

La tortuga va a visitar a sus amigos. Traza su recorrido respetando el orden indicado por las flechas.

El juego de los colores

Recorta en la página 181 las etiquetas de los animales y luego guárdalas dentro de las estrellas según su color.

Recorta en la página 183 las langostas y pégalas en el mismo sentido que su modelo.

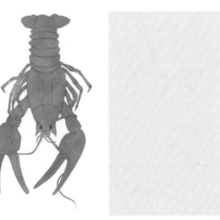

¿Dónde está mi sombra?

Entre estas sombras, sólo una corresponde a la del wapití. Rodéala con un círculo.

¡Estos animales perdieron su cola! Ayúdalos
a encontrarla uniendo cada cola con su propietario.

La pista del lobo

Sigue con tu dedo la pista que tomó el lobo hasta el bosque. Cuando estés preparado, traza el camino con un lápiz.

El juego del espejo

Une cada animal con su doble.
Rodea al intruso con un círculo.

20

El ratón se cuela

Al ratón le gusta colarse entre las patas de sus amigos. Traza su recorrido respetando el orden indicado.

Observa bien las imágenes en verde. Con cada una de ellas, colorea la imagen que sea idéntica al modelo.

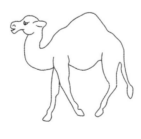

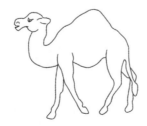

El laberinto del lince

Ayuda a este lince a llegar al bosque: traza el trayecto que debe seguir con tu dedo y luego con un lápiz.

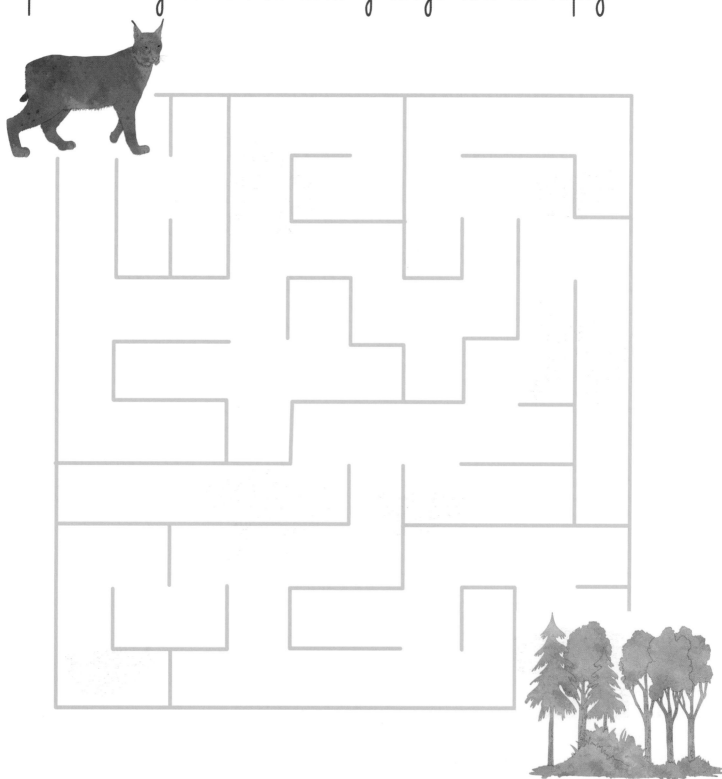

El sudoku de los animales

Recorta las casillas de la página 183 y luego pégalas en el lugar correcto para que cada animal aparezca una sola vez en cada línea, en cada columna y en cada espacio de color.

El laberinto de la tortuga

Ayuda a la tortuga a salir del laberinto. Atención, antes de salir, debe saludar a cada uno de los cinco ratones que viven en el laberinto.

Primero traza el camino con los dedos y luego con un lápiz.

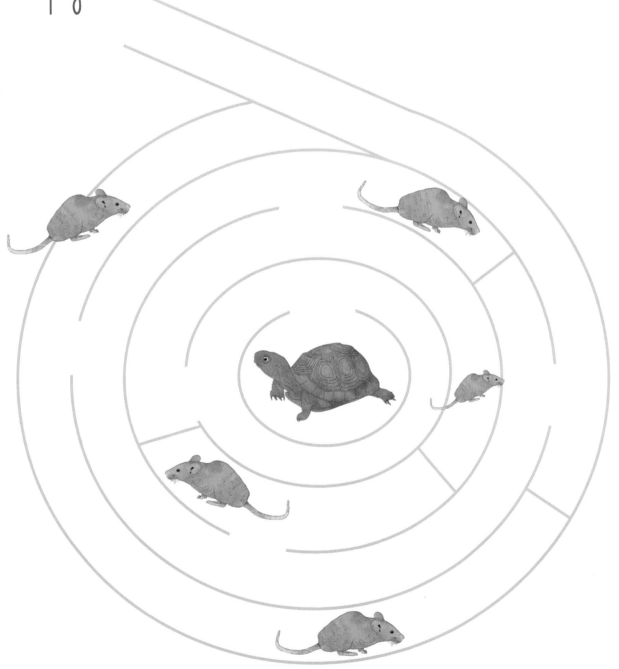

Recorta en la página 183 los trozos que faltan
y pégalos en el lugar correcto.

El rompecabezas del wapití

Recorta las piezas de la página 185 y luego reconstruye el rompecabezas.

Es primavera y las mariposas vuelan por el jardín.

Con la ayuda de los adhesivos que hay al final
del libro, crea cinco mariposas pegando
las mitades idénticas.

En torno a las letras

Esta parte propone un conjunto de actividades en torno a las letras del alfabeto: una página de práctica de la escritura, una actividad en torno a los sonidos, otra sobre las diferentes grafías de las letras y una actividad lúdica para perfeccionar el aprendizaje divirtiéndose.

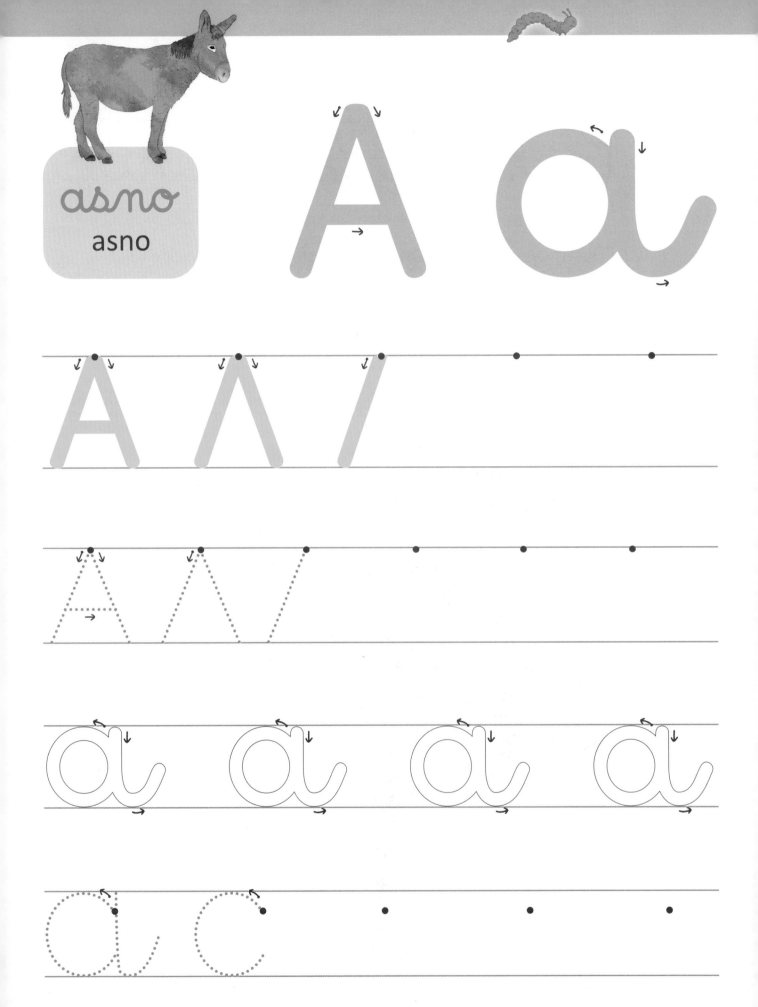

asno

asno

Rodea con un círculo los animales en los que oigas el sonido "a".

elefante

jirafa

ballena

cangrejo

jaguar

iguana

ratón

langosta

canguro

31

¡Atención, el cocodrilo quiere devorar la A!
Rodea con un círculo rojo todas las **a** y, con verde,
las demás letras.
Dibuja más dientes al cocodrilo según el modelo.

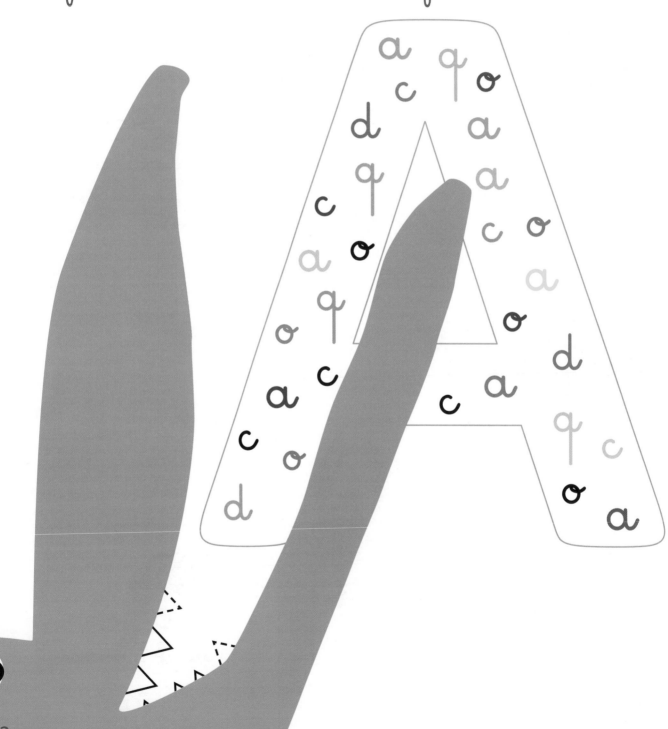

Colorea las nubes, el arcoíris y la valla.
Luego dibuja flores de todos los colores en el prado.

ballena
ballena

B b

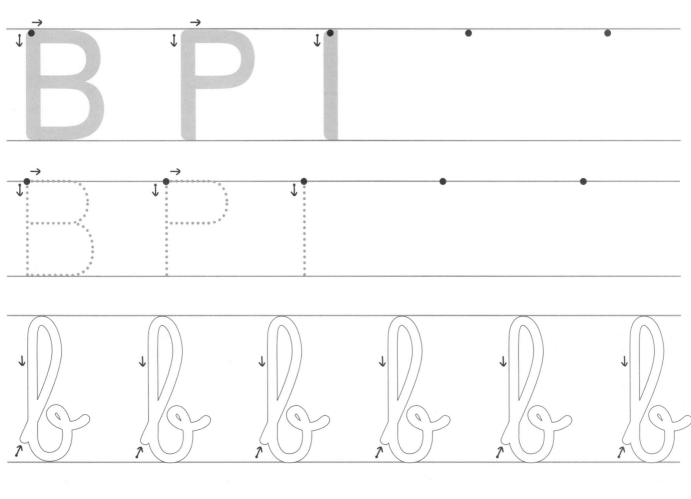

B P l

B P l

b b b b b b

b l 2

Ayuda a la beluga a llegar a la ballena pasando por las palabras que empiecen con el sonido "b".

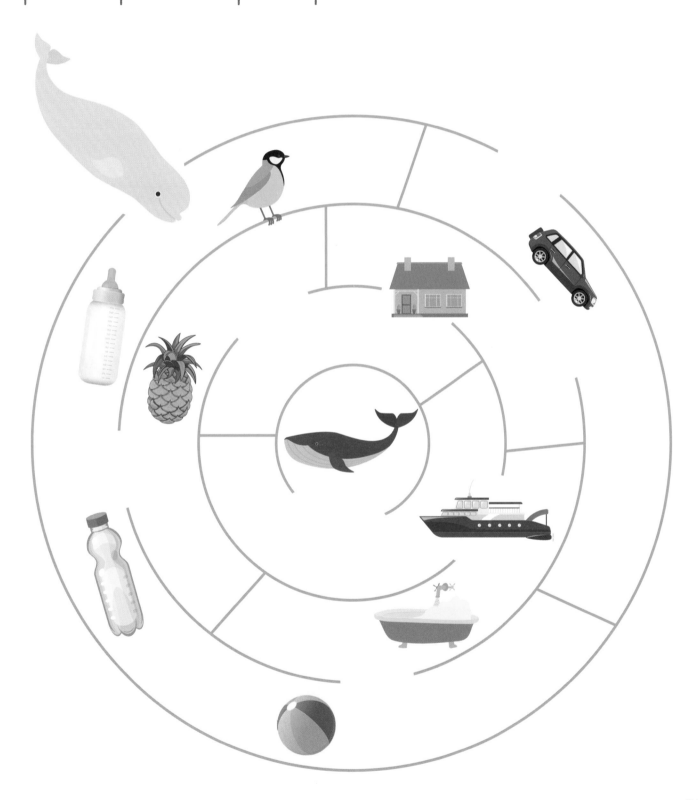

Traza el camino que une las dos letras azules pasando sólo por las **b**.
Traza con azul el contorno del balón.

	B	v	A	d		
b	B	b	b	G	t	
a	c	h	T	b	r	a	l
s	R	b	G	B	O	w	h
i	m	g	X	b	M	b	W
l	d	Z	P	b	n	G	v
o	G	c	b	b	m		
l	H	I	d	**b**	l		
	a	v					

Repasa la línea de puntos y luego dibuja las plumas en el vientre del búho.

Añade hojas a la rama y colorea todo el conjunto.

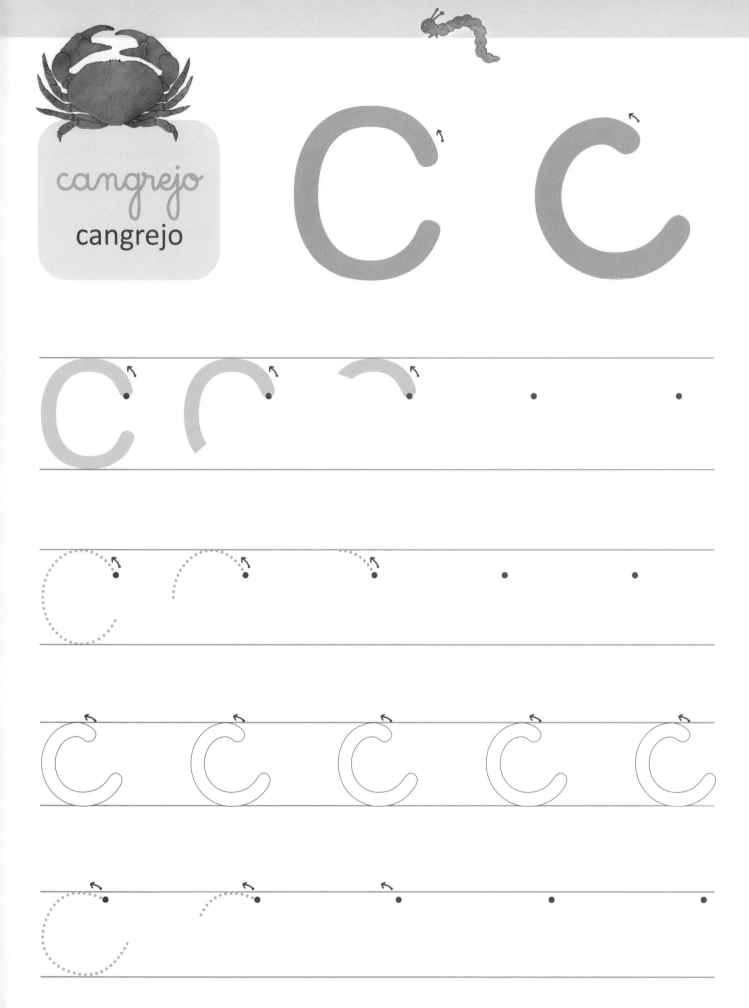

cangrejo

cangrejo

En la cocina

Rodea el nombre de los utensilios de cocina que empiecen con el sonido "c". Luego busca en tu cocina otro objeto o un alimento que empiece con el mismo sonido. Dibújalo y pide a un adulto que te escriba su nombre.

cuchillo

cuchara

cazo

tenedor

sartén

báscula

_____

Pinta de amarillo las palabras que empiecen
con una c y de azul las demás.
Continúa las líneas de los bolsillos de la mochila.

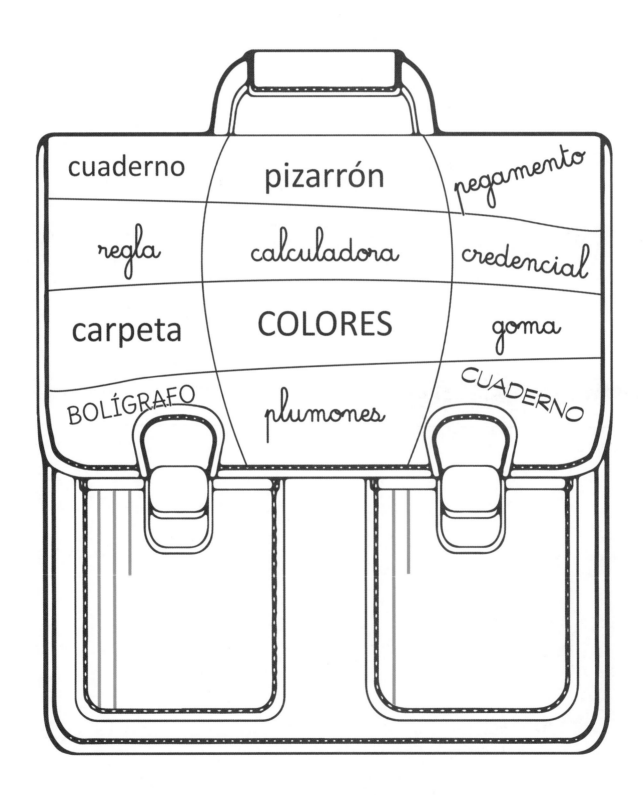

cuaderno

pizarrón

pegamento

regla

calculadora

credencial

carpeta

COLORES

goma

BOLÍGRAFO

plumones

CUADERNO

Continúa la decoración del cuaderno alternando los colores y usando los mismos signos: un círculo y luego una cruz, un círculo y luego una cruz.

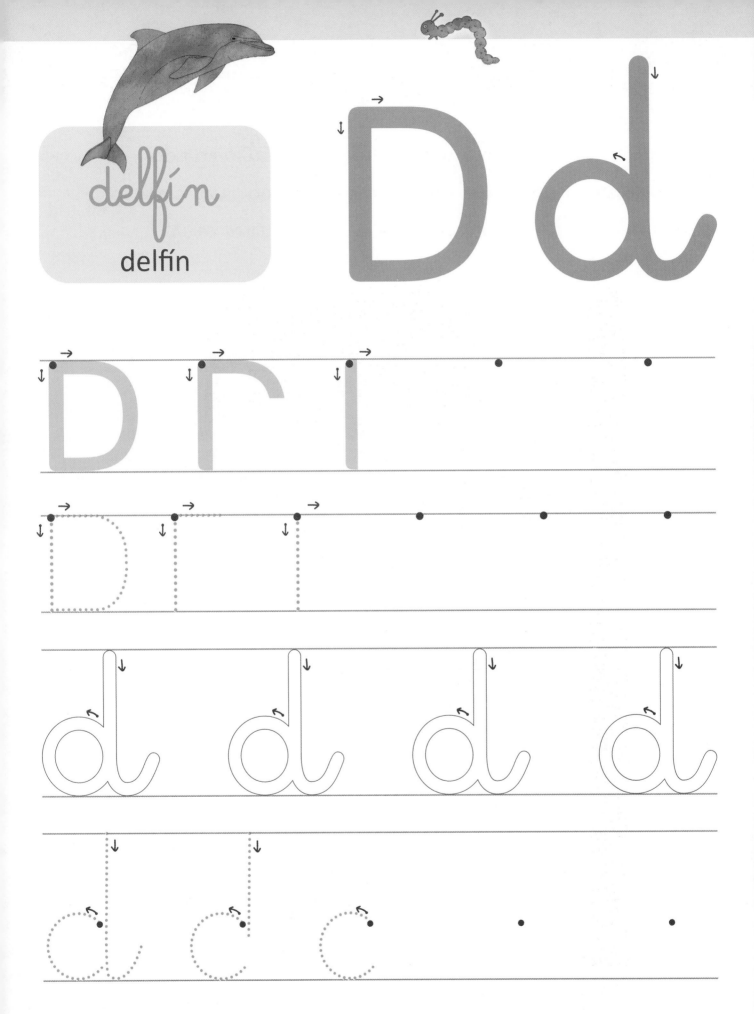

delfín

delfín

D d

Traza el camino de la **d** pintando todas las palabras que encuentres que empiecen con el sonido **"d"**.

Busca y rodea con un círculo las letras
de la palabra **delfín**.
Después termina las olas.

k   r   h   s   c   u   j

                                        f

                                   p

n   y

b

o   t   l   z   d   e

g

w   i   m   x   q

El dromedario se pasea por el desierto.

Repasa el contorno del dibujo procurando no levantar el lápiz.

El sol está en el cenit. Dibújalo en el cielo.

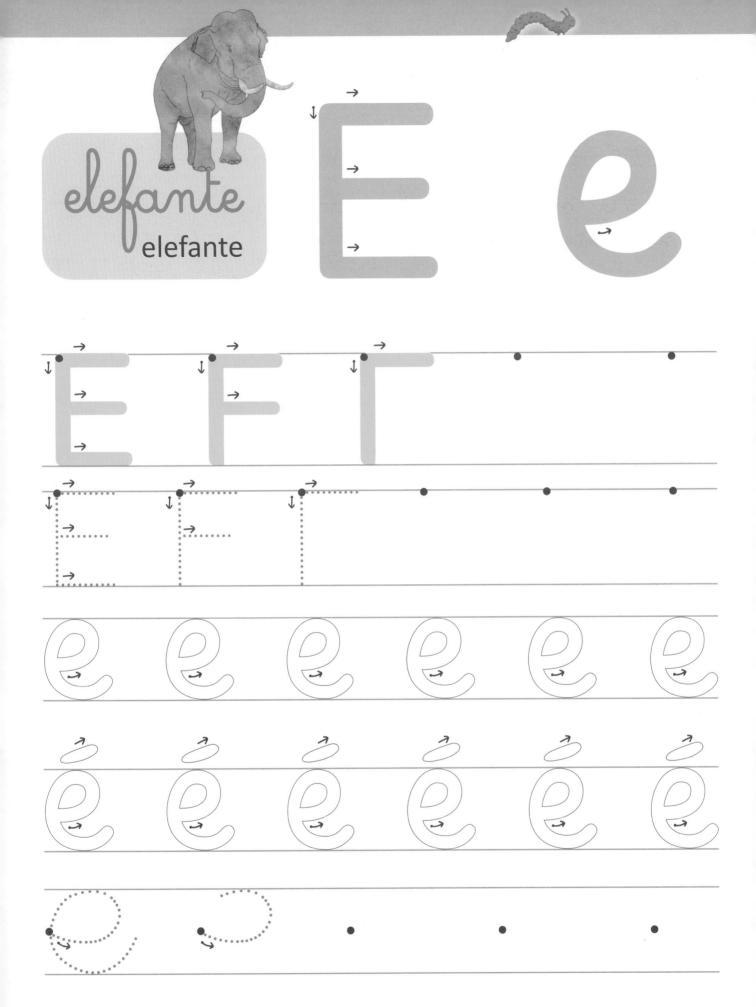

elefante
elefante

E e

Cuenta el número de palabras donde encuentres el sonido "e".

En la lámina de adhesivos, despega tantas bellotas como palabras con la letra "e", y dáselas al erizo.

estrella

violín

teléfono

llave

espada

patín

Recorta las letras de la página 187 y pégalas para decorar la letra E.

48

Pinta el elefante según el código de colores siguiente.

Nuestro elefante multicolor llegó
a la charca. Pinta el agua de azul.

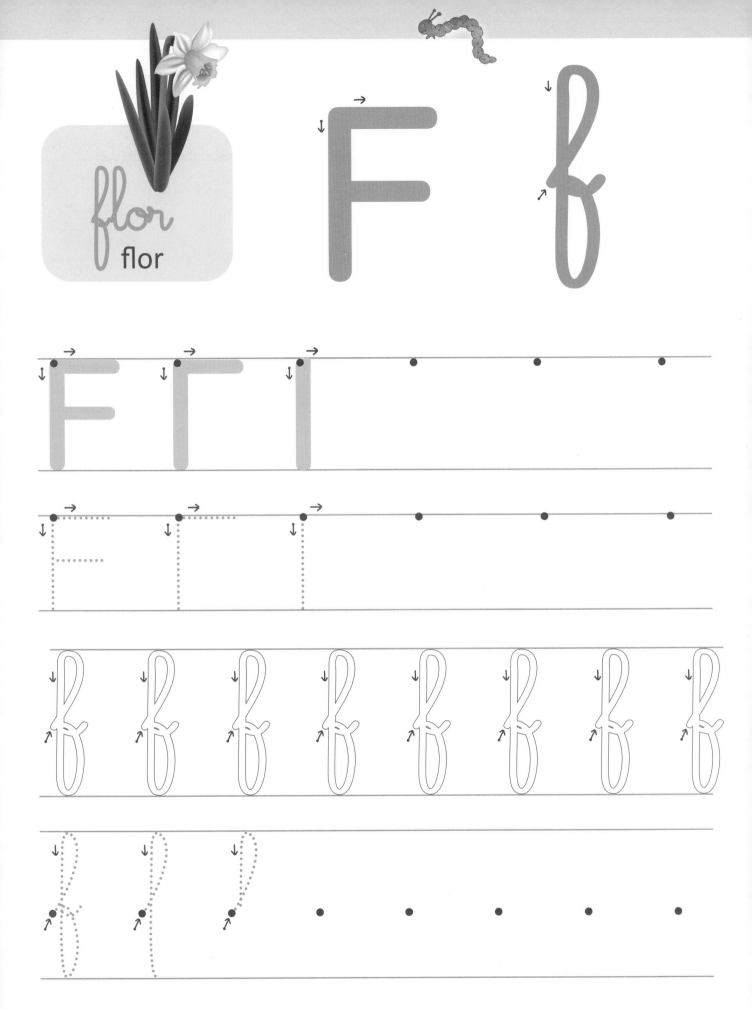

flor
flor

F f

Pinta todas las cosas que empiecen con el sonido "f".

En cada flor, busca y rodea con un círculo
las letras f con su grafía correcta.
Dibuja un jarrón para poner dentro los tallos
de las flores y píntalo.

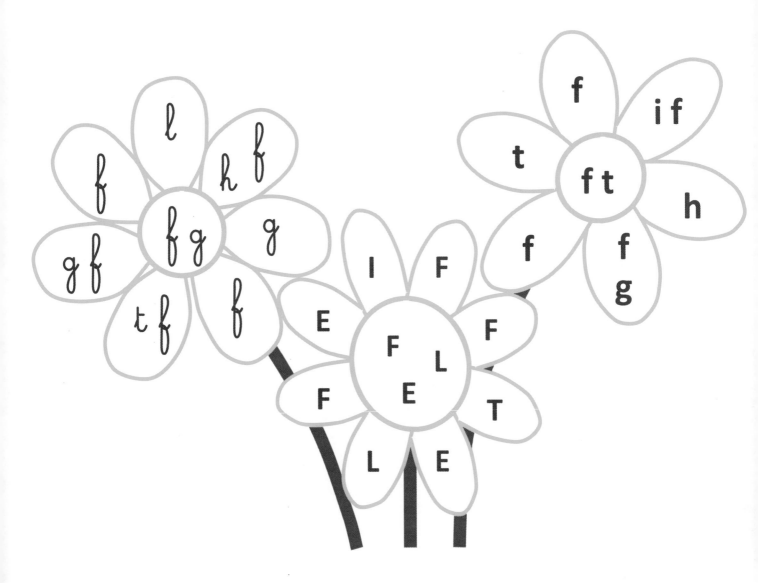

Nombra estas frutas y luego píntalas respetando su color.

uva

manzana

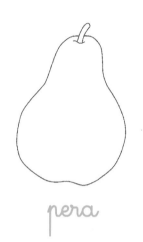

pera

durazno

fresa

cereza

naranja

piña

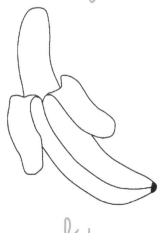

plátano

guantes

guantes

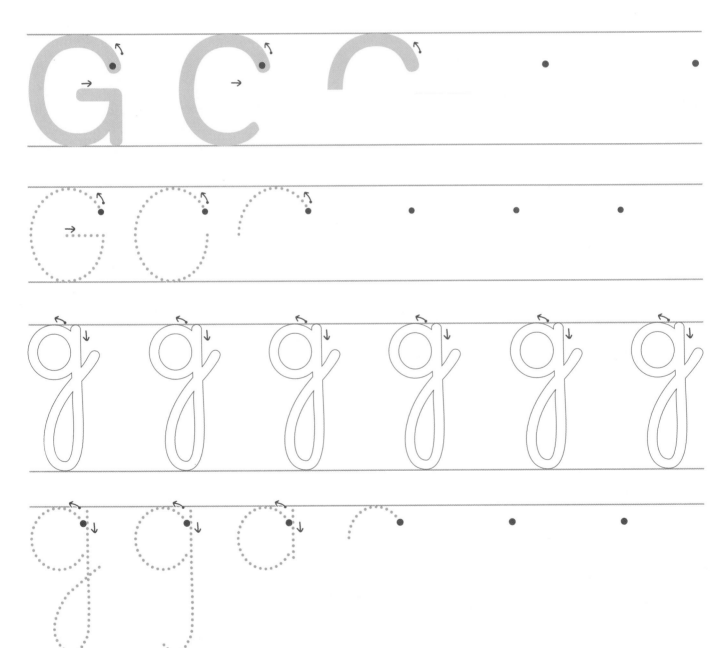

El gorila Guido es un gran gorila
al que le gusta comer
galletas y golosinas.

Levanta el dedo cada vez que escuches el sonido "g"
en esta frase.

En la página 187, recorta las piezas, reconstruye
el rompecabezas y descubre la golosina preferida del
gorila Guido.

La garza

Rodea con un círculo las letras que necesites para formar la palabra **garza**.

GARZA   garza

A

l   G   R

Z

a   C

P

b

A

g

a

u   V

j

M   S

r   z

O

Continúa dibujando círculos en el corazón del girasol
y luego colorea todo el dibujo.

hoja

hoja

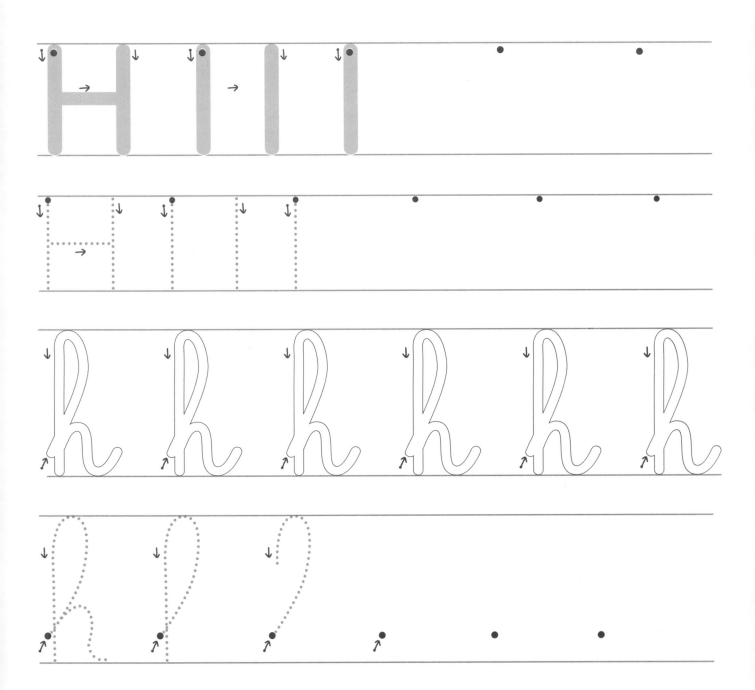

Une a la hierba los animales cuyo nombre empiece por la letra h.

hipocampo

mono

hámster

erizo

hipopótamo

hormiga

garza

59

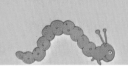

helicóptero

Une las letras en el orden correcto para recomponer la palabra.

t   l   o   e   c   h   p

r   e   ó   i

A continuación, colorea el dibujo.

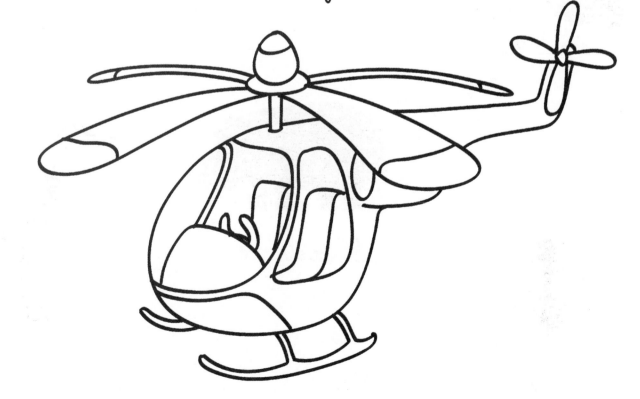

Las hojas del abeto

Recorta en la página 189 los rectángulos verdes y luego pégalos del más grande al más pequeño sobre el tronco del árbol, empezando por abajo.

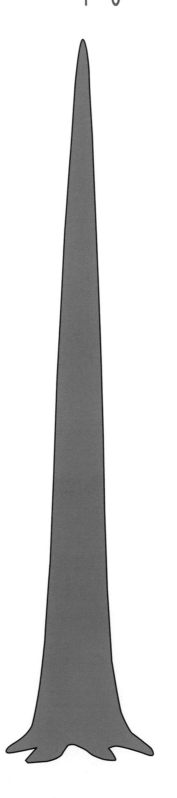

iguana

iguana

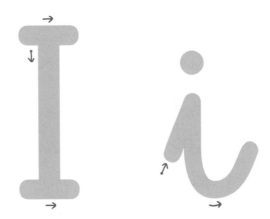

I i

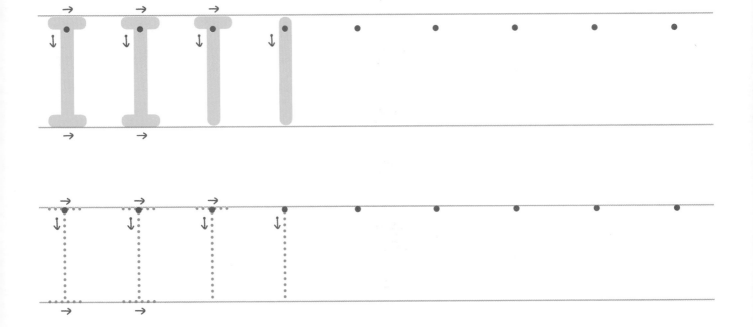

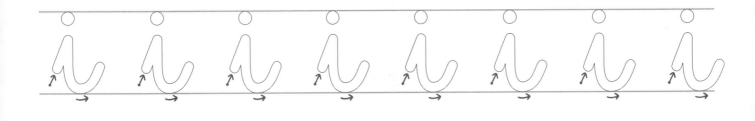

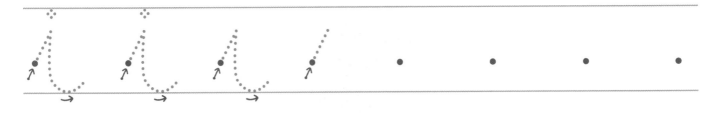

Ve hasta la llegada pasando por las palabras que contengan el sonido "i".

salida

elefante	jirafa	pollito	jaguar	cangrejo
asno	bolos	lince	delfín	ballena
ballena	langosta	ratón	tiburón	oveja
cangrejo	jaguar	iguana	delfín	bolos
oveja	canguro	pollito	jirafa	naranja

llegada

Los insectos

Rodea la letra "i" cada vez que la veas. Rodea con azul los insectos que vuelan, y, con rojo, los que caminan o saltan.

ABEJA

chinche

saltamontes

hormiga

LIBÉLULA

mosquito

MARIPOSA

zapatero

catarina

Decora el iglú continuando los motivos decorativos.
Dibuja delante de la entrada a los habitantes del iglú.

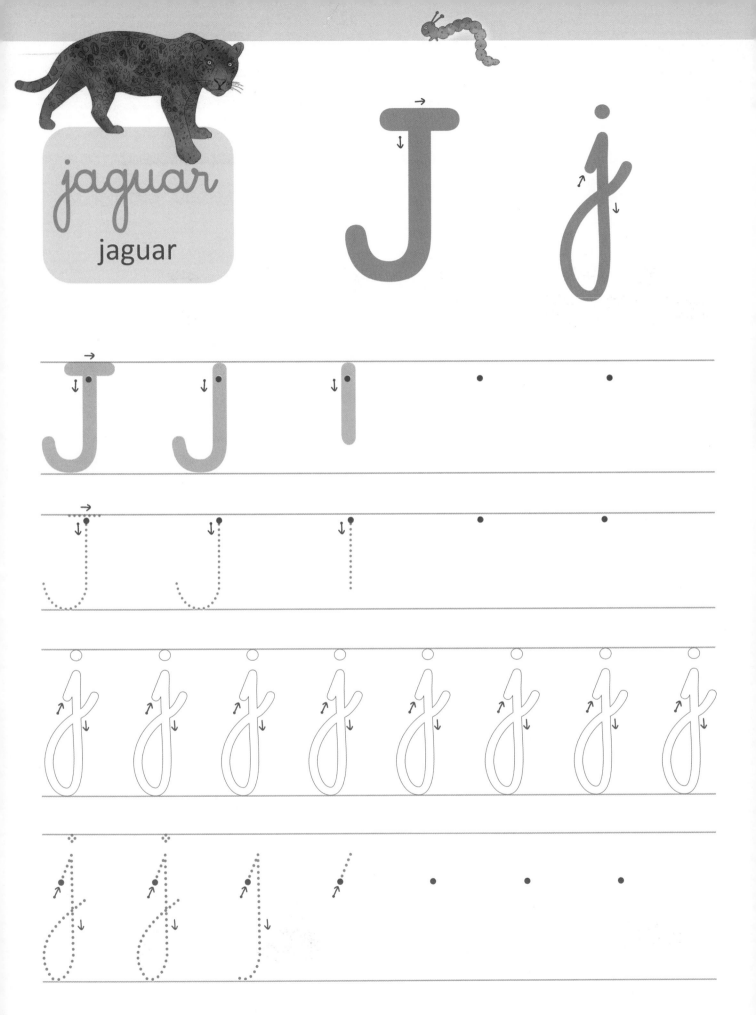

jaguar

jaguar

El camino del sonido "j"

Busca la letra j en cada una de estas palabras y une cada objeto con su pareja siguiendo el camino con el dedo.

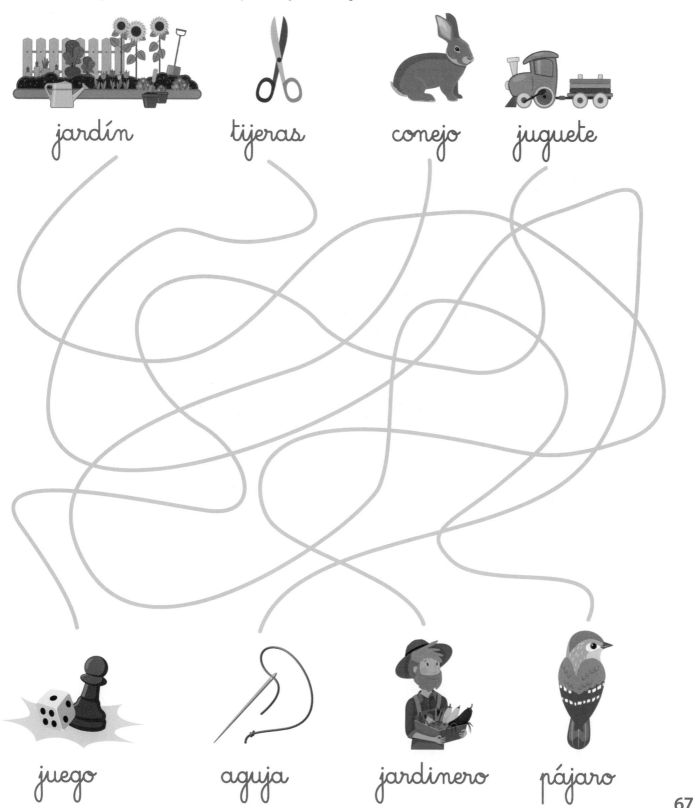

jardín   tijeras   conejo   juguete

juego   aguja   jardinero   pájaro

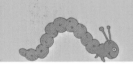

Tacha las letras que no sean necesarias para escribir la palabra **jaguar**.

JAGUAR   jaguar

B   L   V   G   U

D   F   C

          J   P   R   A

     A

O

l

b   a   a

     w   b   g

r   d

          j   b   u

k

68

Colorea este dibujo respetando el código de colores.

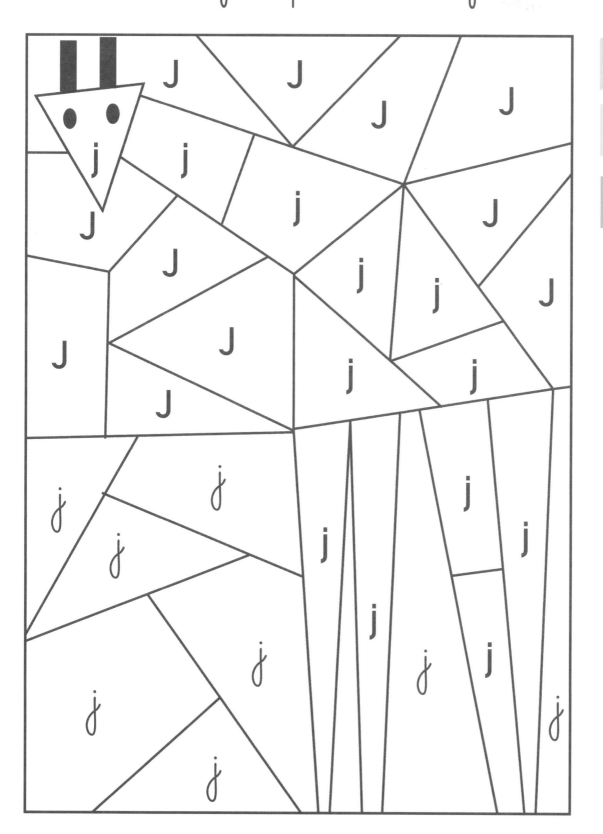

J	
j	
ȷ	

kiwi
kiwi

K k

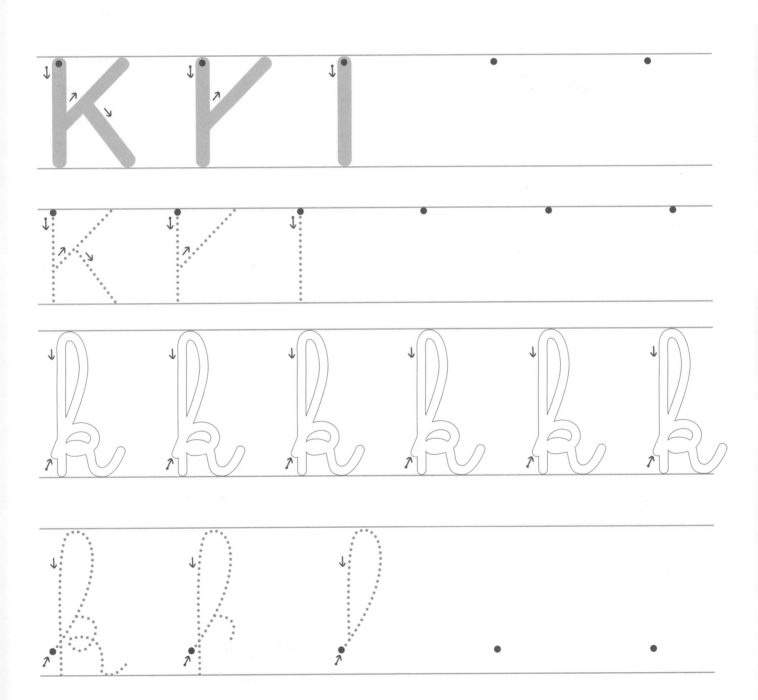

Ayuda al pequeño koala a buscar a su amigo pasando por las palabras que empiecen por el sonido "k".

Busca y rodea con un círculo las letras
de la palabra **kayak**.
Después termina las olas.

c   h   o

k

z

t   a

k

s

g   e   y   q   a

72

Repasa la línea de puntos.

Al koala le encantan las hojas de eucalipto.
Dibuja algunas a su alrededor con la ayuda
del modelo.

lobo
lobo

L l

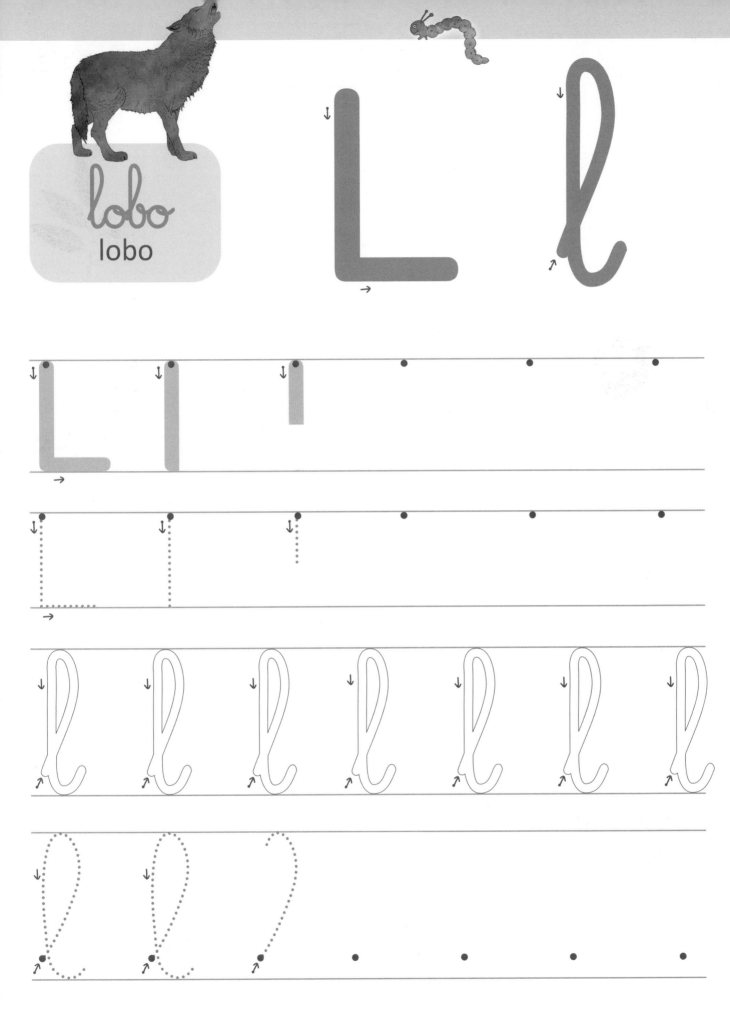

Sólo los animales cuyo nombre empieza por el sonido "l" tienen derecho a participar en la gran lotería. Une cada participante a una casilla de la rueda.

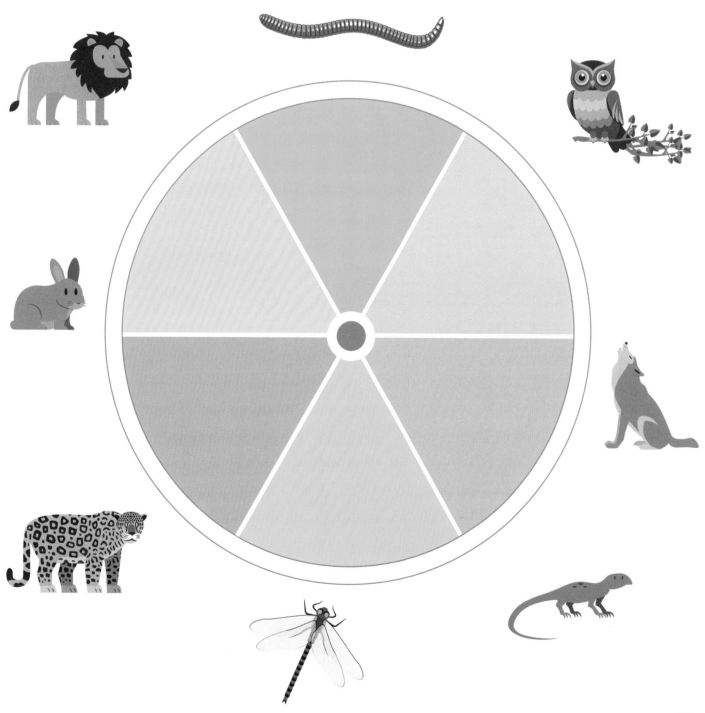

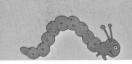

Reconstruye la palabra **LIBÉLULA**.
Colorea de azul las letras mayúsculas y, de verde, las minúsculas que componen la palabra.

LIBÉLULA   *libélula*

Observa las formas de las alas de la libélula y sigue decorándolas siguiendo el modelo.

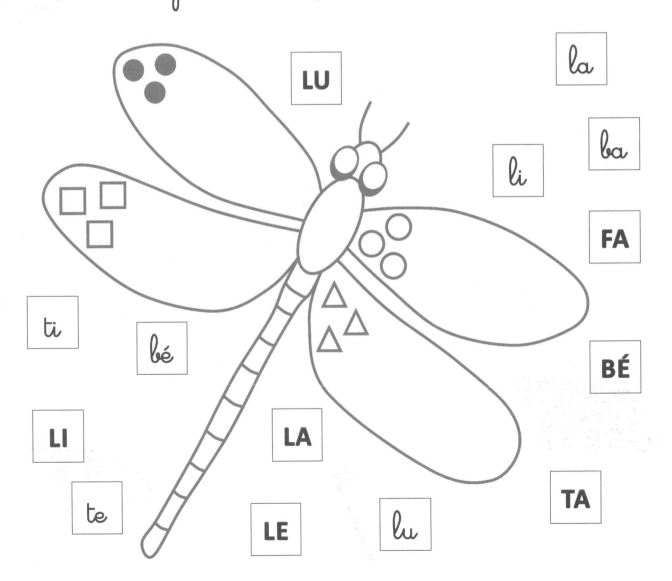

Los lápices azules

Recorta en la página 189 los lápices azules y luego pégalos ordenándolos del más claro al más oscuro. Dibuja y pinta debajo lápices de otros colores.

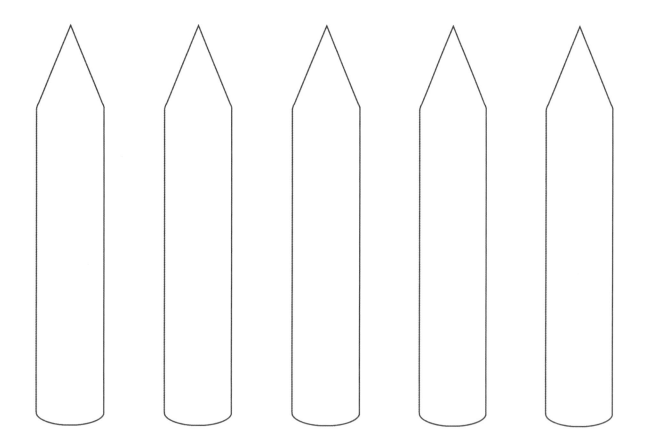

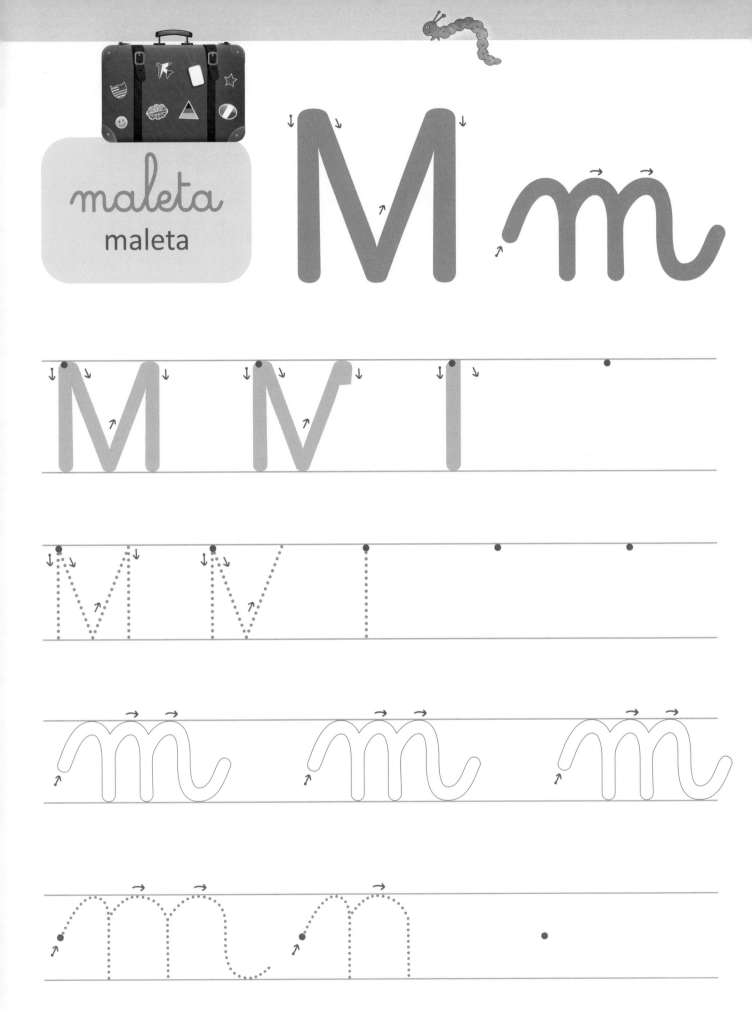

maleta
maleta

Busca en la lámina de adhesivos las manzanas en las que se oiga el sonido "m" y luego pégalas en el manzano.

Pega las demás al pie del árbol.

Rodea con un círculo las letras **m** y luego repasa el contorno de la mariposa.

A continuación, dibuja otras mariposas a su alrededor.

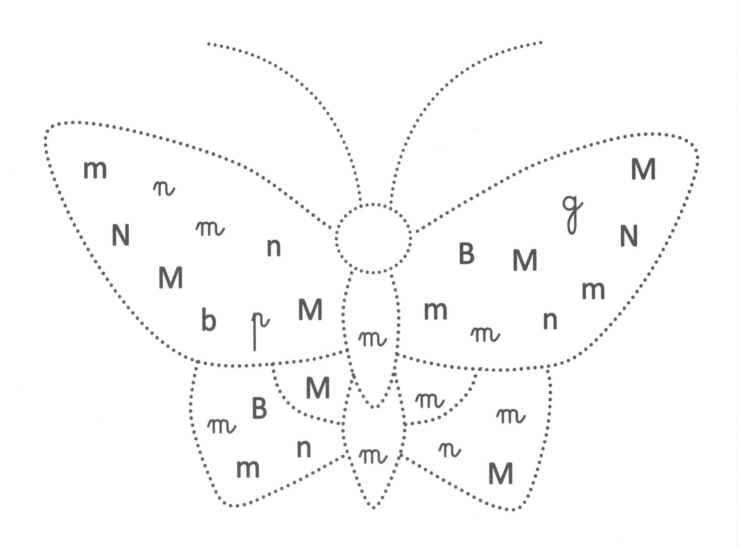

Rodea con un círculo azul los animales que viven en el océano, y, con otro en rojo, los que puedes encontrar en una granja.

nubes
nubes

N n m

Escucha atentamente esta historia.

En noviembre, las nubes están cargadas de nieve: el invierno será crudo.

Subido en su trineo, Néstor el enano de jardín esconderá nueve nueces y nueve avellanas en su caseta.

Rodea con un círculo los elementos que se nombran en la historia y que contienen el sonido "n".

Recorta las letras de la página 187 y luego pégalas para recomponer la palabra **nubes** en las tres grafías diferentes.

nubes

nubes

NUBES

El navío tricolor

Colorea de rojo los círculos; de amarillo,
los rectángulos, y de naranja, los triángulos.

ñu

ñu

La cabaña de la ñ

Nombra cada imagen y luego une a la cabaña todas las palabras que tengan el sonido "ñ".

piña

sombrero

niño

araña

abrigo

castañas

otoño

cigüeña

ojos

ojos

Tanto las orcas como los otarios viven
en los océanos, pero distan mucho
de ser buenos compañeros:
a la orca le encanta cazar otarios,
y también focas y morsas.

Rodea con un círculo las o de la frase de arriba.

Busca otros animales cuyo nombre empiece con el sonido "o" y dibújalos junto a la orca y al otario.

Nombra cada una de estas imágenes y rodea la **o** con un círculo cada vez que la veas.

Busca y colorea las hortalizas.

apio

zanahoria

naranja

coliflor

durazno

plátano

calabaza

brócoli

Un cojín para tu osito

Decora el cojín siguiendo los motivos.

Escondido en el hueco del cojín, dibuja tu osito de peluche.

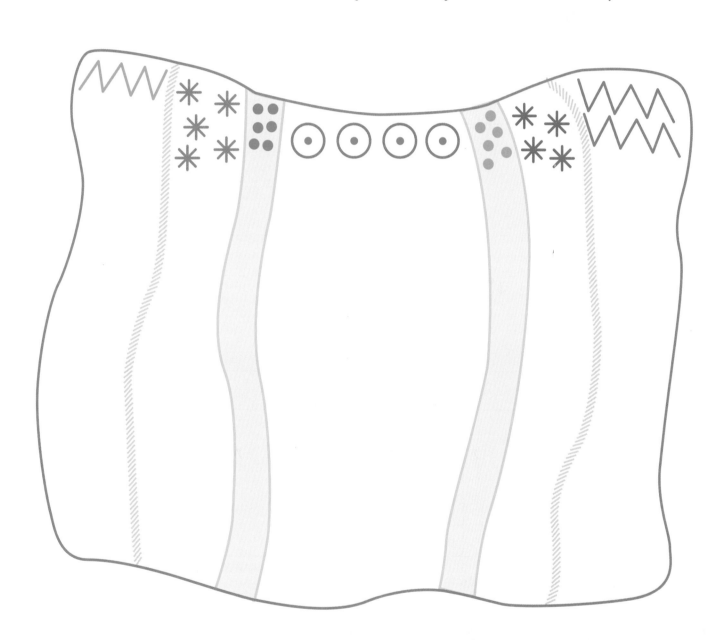

pollito

pollito

P ρ

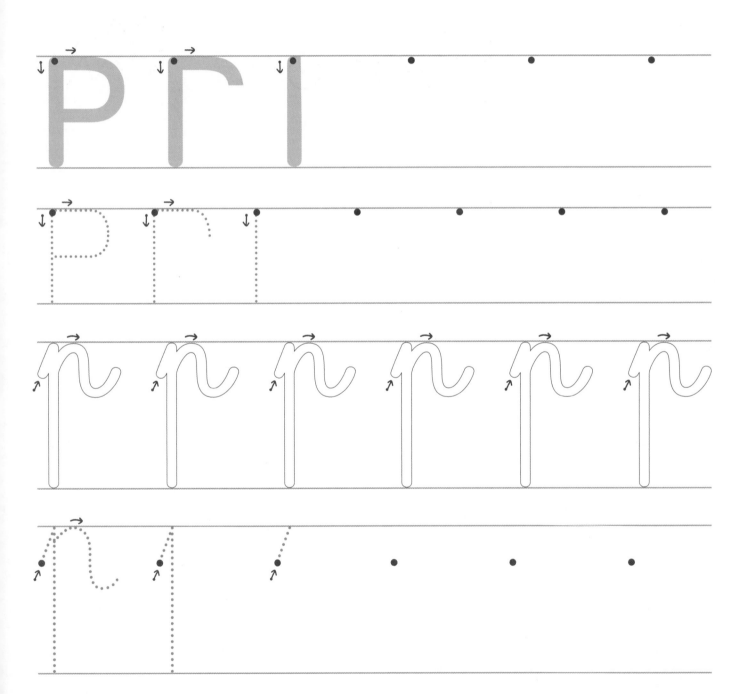

Tacha las ventanas en las que no oigas el sonido "p".

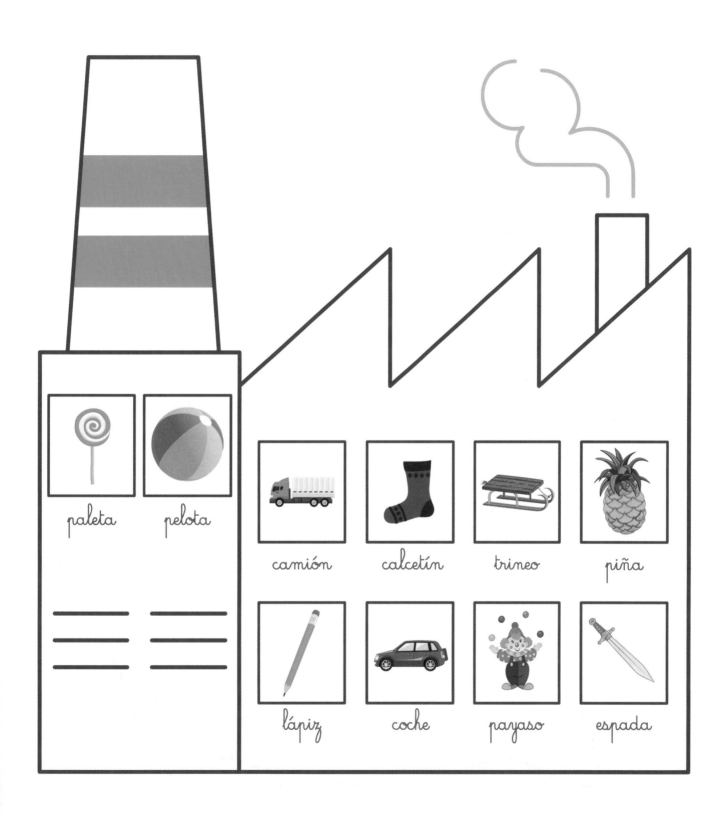

paleta

pelota

camión

calcetín

trineo

piña

lápiz

coche

payaso

espada

La pócima de la bruja

La bruja preparó una pócima en su marmita.
Rodea con un círculo todas las **p** que veas. Luego colorea a la bruja.

PLUMA

pera

PELO

mosquito

CARAMELO

frambuesa

sopa

CASTAÑA

MARIPOSA

pimiento

papa

papel

Dibuja las escamas del pez continuando los motivos decorativos, y luego colorea todo el conjunto.

95

queso
queso

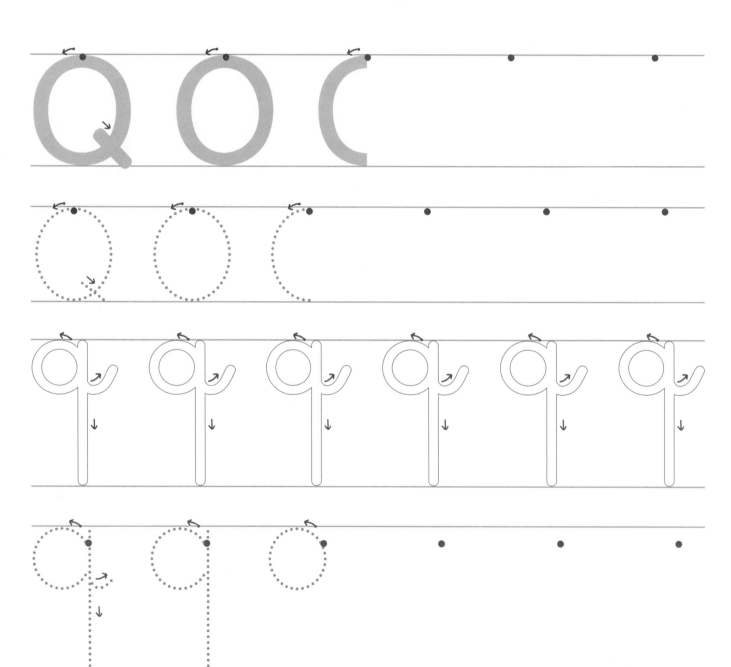

Traza el camino de la **q** pasando por las palabras que tengan el sonido "q".

salida

quetzal	cuchara	rana	hacha	suéter
mosquito	queso	pelota	pala	helado
cubo	caqui	quince	bolos	perro
guirnalda	autobús	quad	cartas	guitarra
escritorio	guantes	mosquito	gotas	lápiz

llegada

97

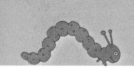

El quetzal es un pájaro que vive en las selvas tropicales de América. Colorea el dibujo.
Busca la palabra **QUETZAL** en la cuadrícula.

V	H	Q	S	L	E	Z	E
S	O	L	I	V	T	F	H
E	Z	C	X	A	Q	L	C
F	H	P	S	O	P	T	I
Q	U	E	T	Z	A	L	S
I	O	A	C	F	R	S	Z

Colorea las porciones de esta quiche respetando el código de colores.

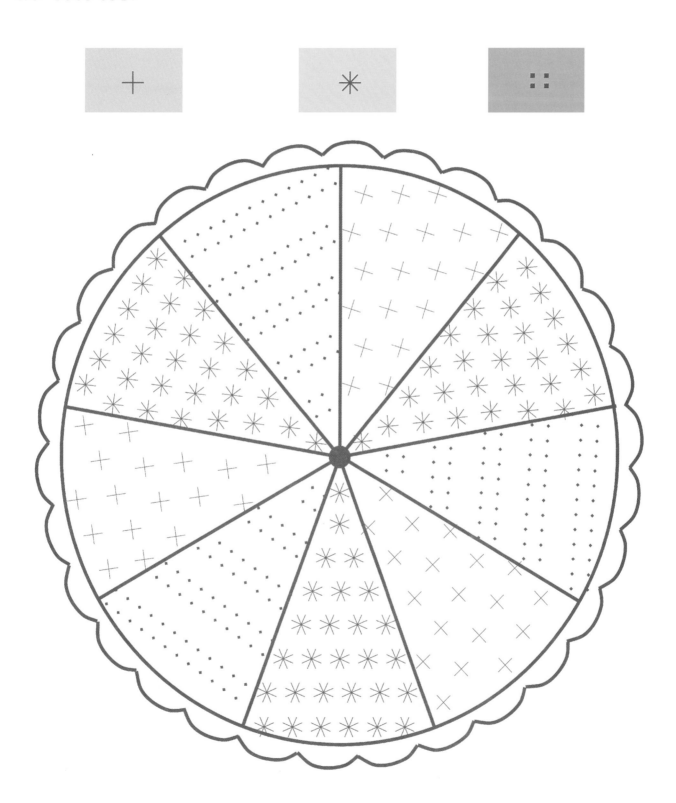

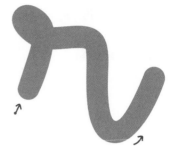

ratón

ratón

R P P

R P P

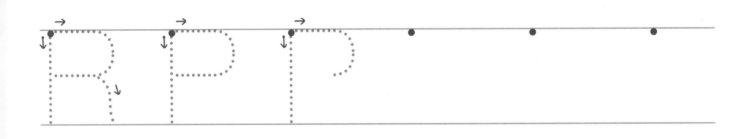

Para la merienda, al robot le gustaría probar alimentos que empiecen por el sonido "r". Rodéalos con un círculo.

rábano

racimo de uvas

cereza

ruibarbo

rata

fresa

Reconstruye la palabra **REGALO**.
Colorea de azul las letras mayúsculas y, de verde, las minúsculas que componen la palabra.

REGALO   regalo

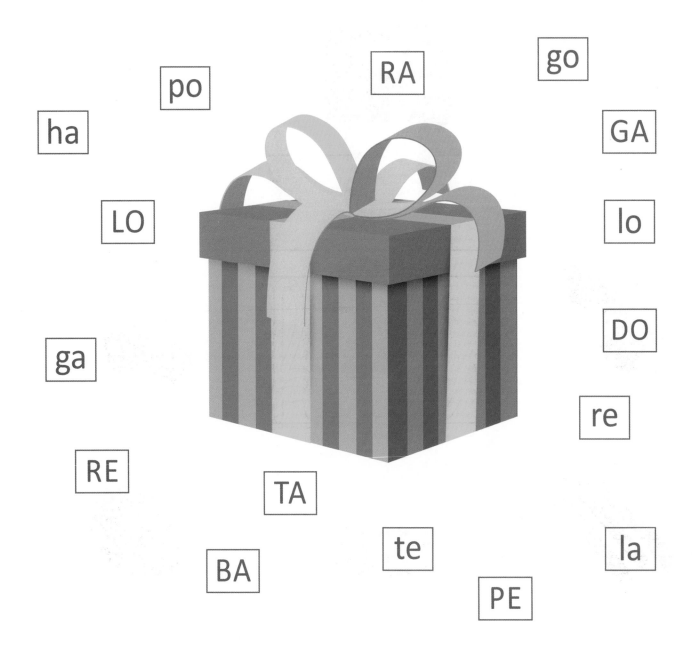

po   RA   go

ha   GA

LO   lo

DO

ga   re

RE   TA   te   la

BA   PE

La rana

Decora la rana completando los motivos.
Dibuja el nenúfar sobre el que está
posada la rana y píntalo.
Ayúdate con el modelo de la derecha.

serpiente

serpiente

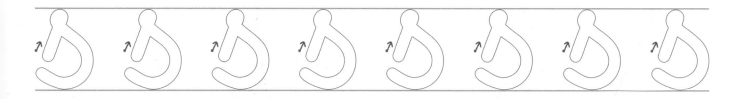

¿Qué sendero debe seguir el saltamontes para llegar a la hierba? Ayúdalo pasando por las palabras que empiecen por el sonido "s".

Rodea con un círculo azul todas las **s**, y, con verde, las demás letras.

Dibuja más rayos de sol, según el modelo.

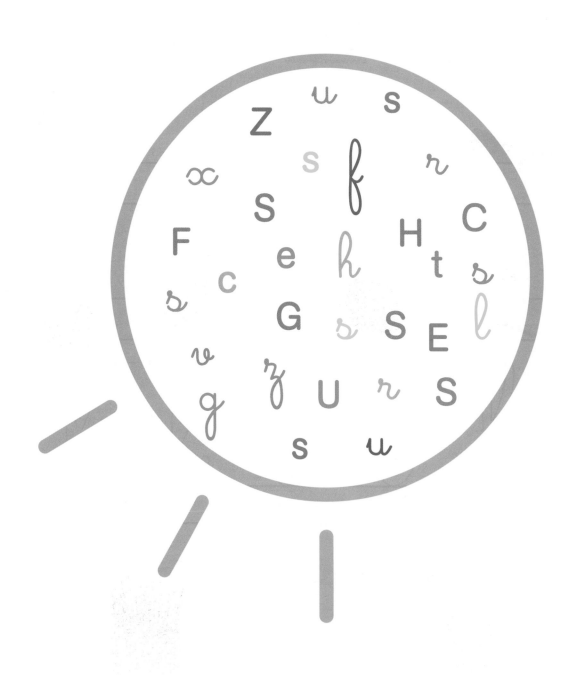

La espiral sin fin

Partiendo del punto central, sigue con un dedo el dibujo de la espiral. Cuando creas que ya estás listo, traza varias veces la espiral con un lápiz.

Sigue dibujando la espiral con lápices de colores.

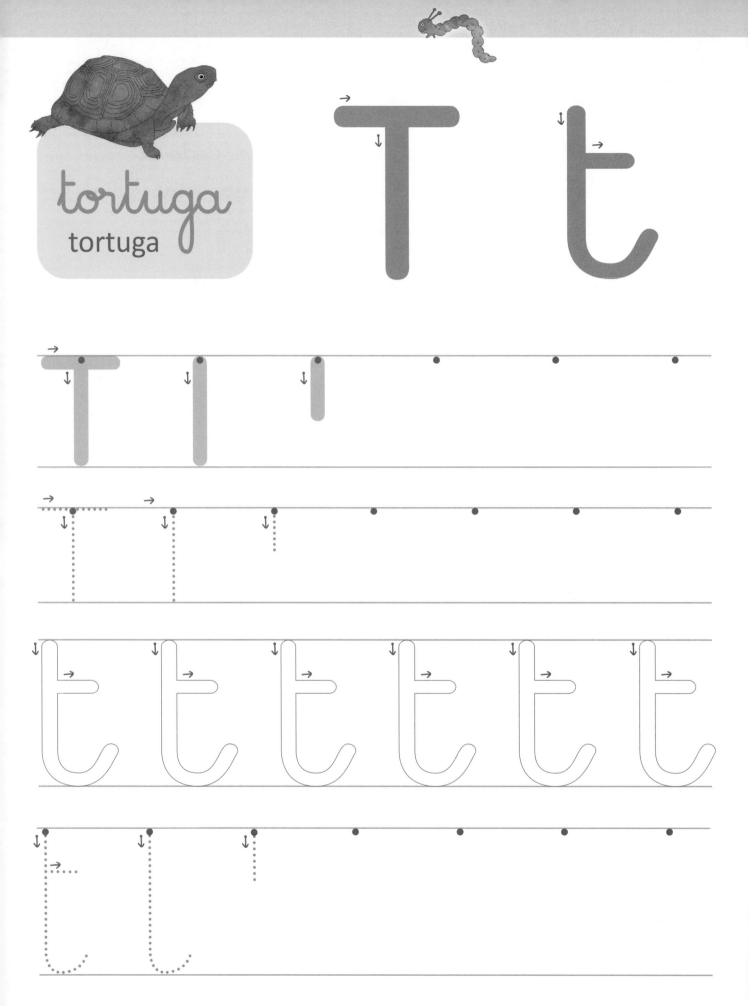

tortuga

tortuga

T T t

Es la hora del desayuno. Une a la mesa las palabras que empiecen por el sonido "t".

taza

mermelada

yogur

miel

tetera

manzana

pan

tomate

botella

tarta

Colorea las escamas que contengan
la palabra **tortuga**.

Luego dibuja unas lechugas bien hermosas
para nuestra amiga la tortuga.

Continúa la decoración de la tela de este vestido multicolor alternando los colores.

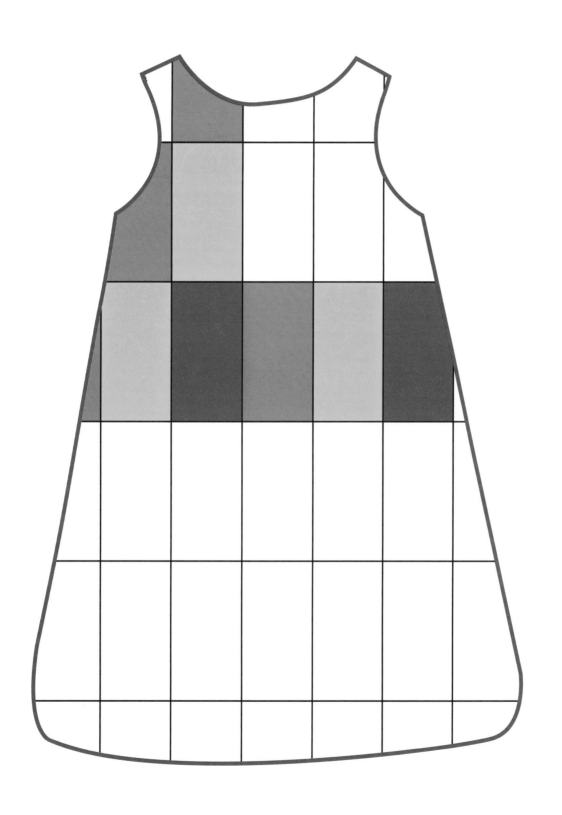

universo
universo

Rodea los dibujos en los que se oiga el sonido "u".

Rodea la letra **u** en cada uno de los utensilios de cocina siguientes.

espátula

tenedor

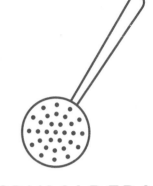

ESPUMADERA

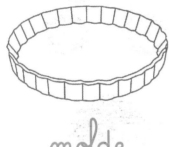

molde

RAMEQUIN

cucharón

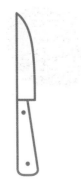

CUCHILLO

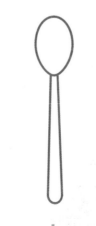

cuchara

batidor

Repasa las líneas de puntos y luego colorea el dibujo.

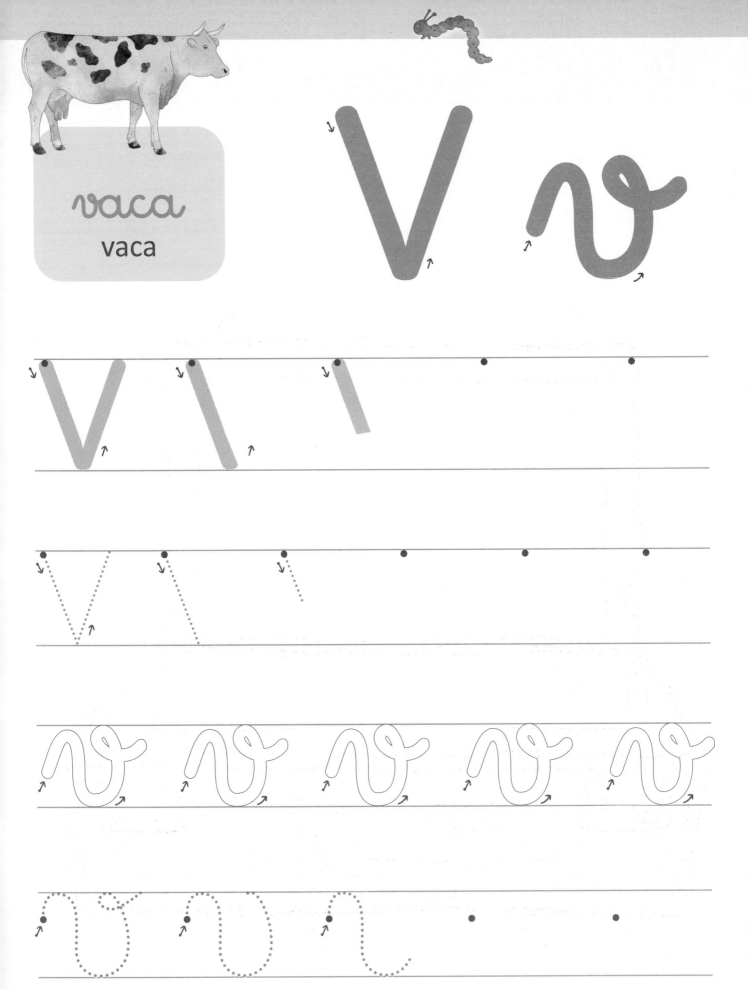

vaca

vaca

De viaje

En la lámina de adhesivos, despega las palabras en las que oigas el sonido "v" y luego pégalas sobre la maleta. ¡Prepárate para ir de viaje!

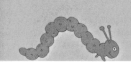

Colorea este dibujo respetando el código de colores.

v   a   C   A   *

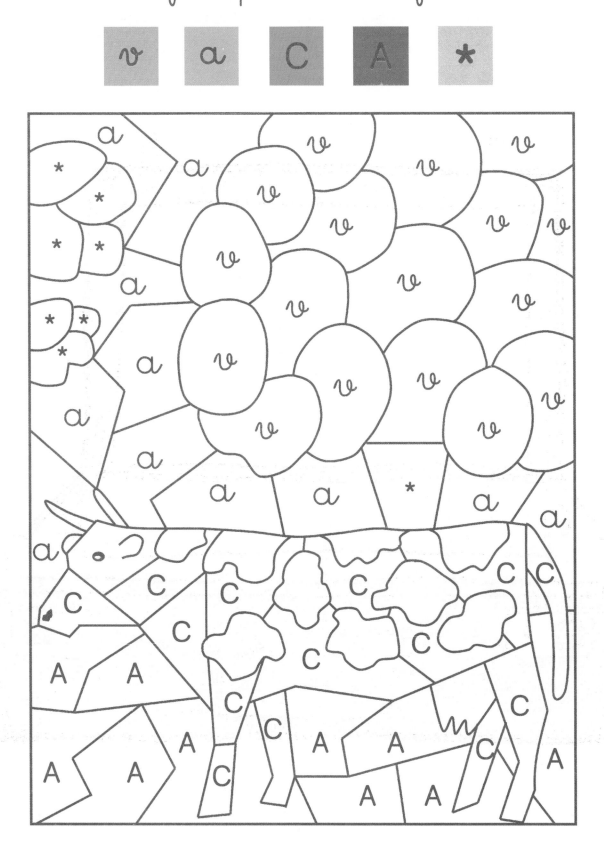

Colorea todas las cosas que sean verdes.

trébol

rana

berenjena

lechuga

lagarto

alcachofa

betabel

hoja

manzana

wapití
wapití

W w

120

El wapití

Une los puntos por orden alfabético.

El wapití come hojas y plantas: dibuja algo con lo que pueda alimentarse.

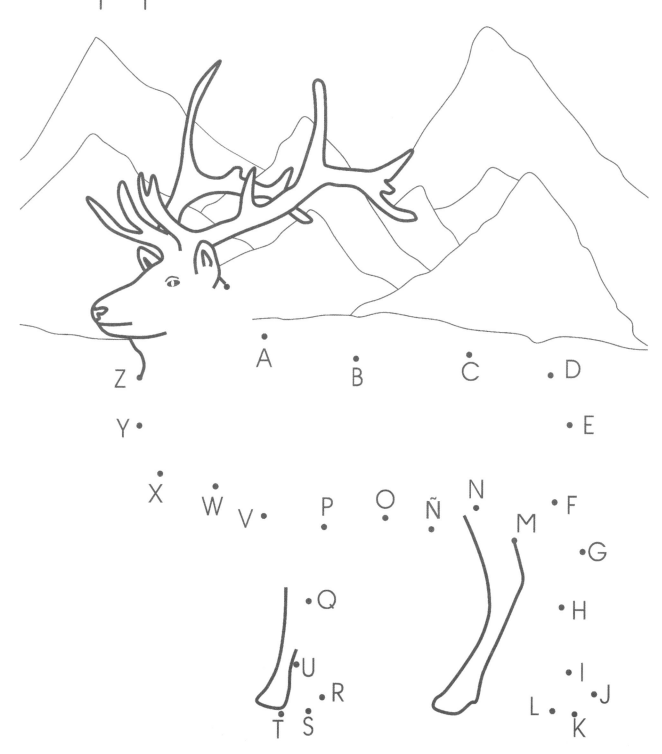

xilófono
xilófono

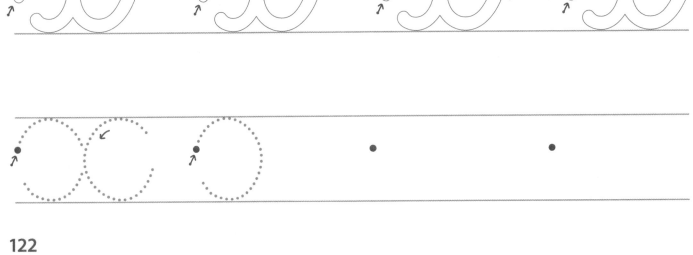

Rodea con un círculo las cosas en las que oigas el sonido "x".

123

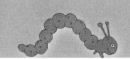

El taxi

Reconstruye la palabra **TAXI**.
Colorea de azul las letras mayúsculas y, de verde, las minúsculas que componen la palabra.

TAXI   taxi

MI ha si XI BA xi pi TA ta XO la FA HA vi

El xilófono

Colorea las teclas del xilófono con el color indicado.

ROJO **AMARILLO** **AZUL** **VERDE**
VIOLETA **CAFÉ** **NARANJA**

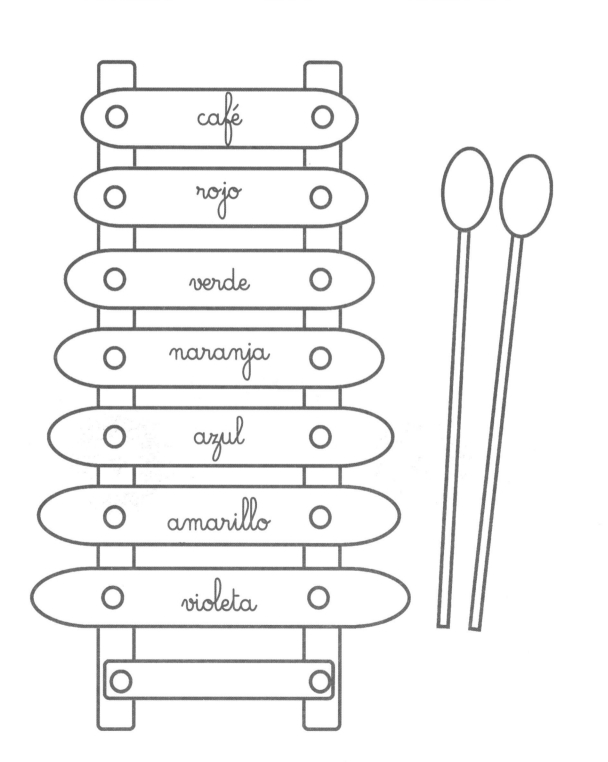

café

rojo

verde

naranja

azul

amarillo

violeta

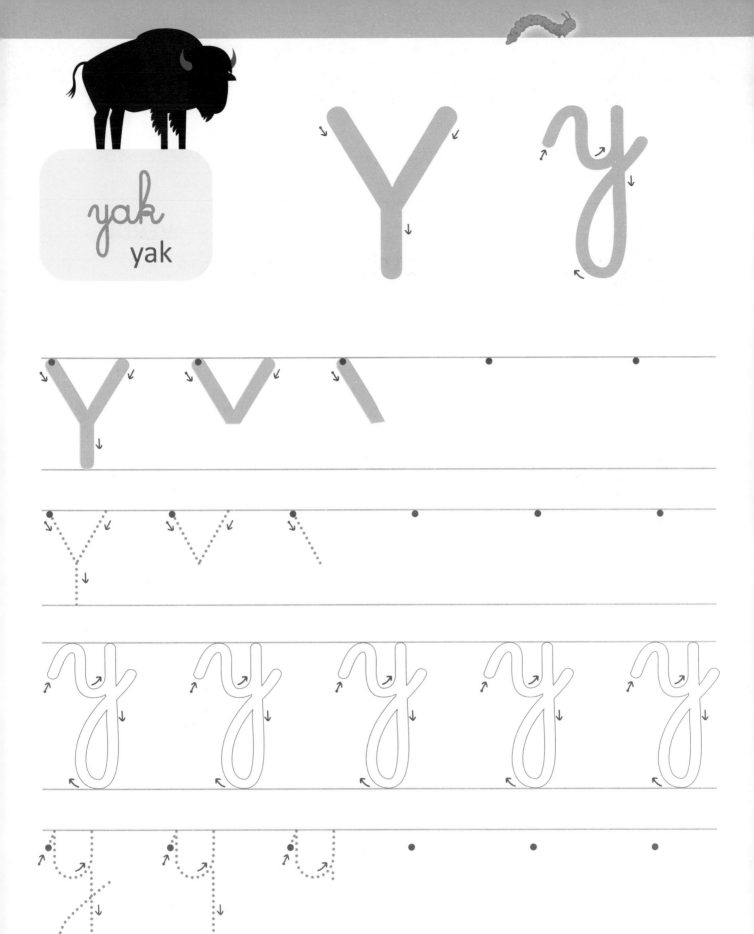

yak

yak

Une al yate todas las palabras en las que oigas el sonido "y".

yak

narciso

yogur

yegua

yoga

yuca

payaso

ojos

yoyo

Busca y rodea con un círculo las letras
de la palabra **yak**.

Luego colorea el dibujo.

El yogur

Repasa las líneas de puntos y luego colorea el vasito de yogur según el modelo.

zorro
zorro

Z

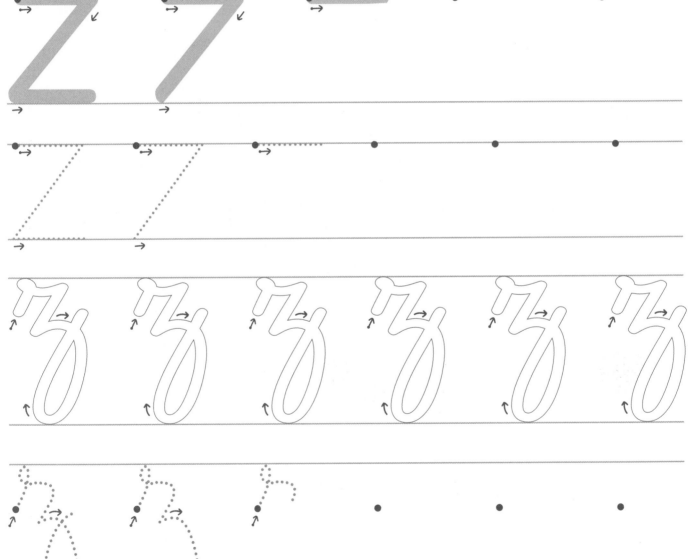

Traza el camino de la z pasando por las palabras que contengan el sonido "z".

Salida

tren	zorro	violín	abeja	wok
payaso	taza	sillón	bicicleta	payaso
torta	cazo	lombriz	garza	maleta
hoja	tenedor	fresa	pez	flauta
wapití	papalote	vagón	zanahoria	queso

llegada

La zanahoria es una hortaliza que tiene muchas vitaminas.

Une las palabras en el orden correcto para ordenar la frase.
Cuando acabes, píntala.

La

zanahoria

que

vitaminas

es

hortaliza

una

muchas   tiene

Colorea los tenis como más te guste y luego dibuja un moño en la de arriba.

En torno a los números

En esta parte, tu hijo asimilará los números del 1 al 10
y las cantidades a través de diversas actividades
de grafismo y de enumeración.

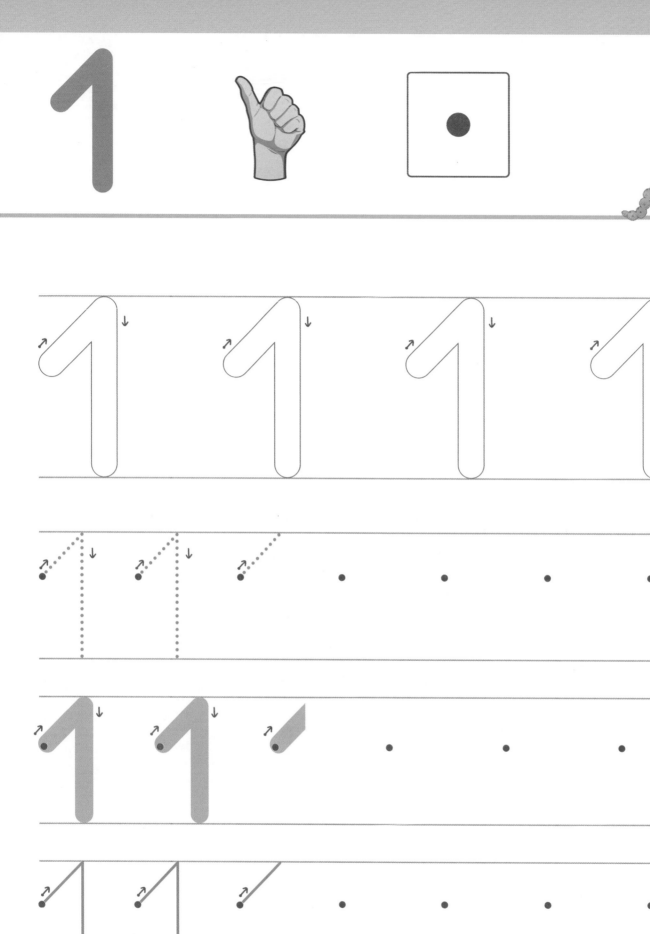

En la lámina de adhesivos, despega las naranjas y pega 1 naranja en cada canasta.

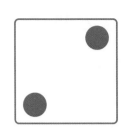

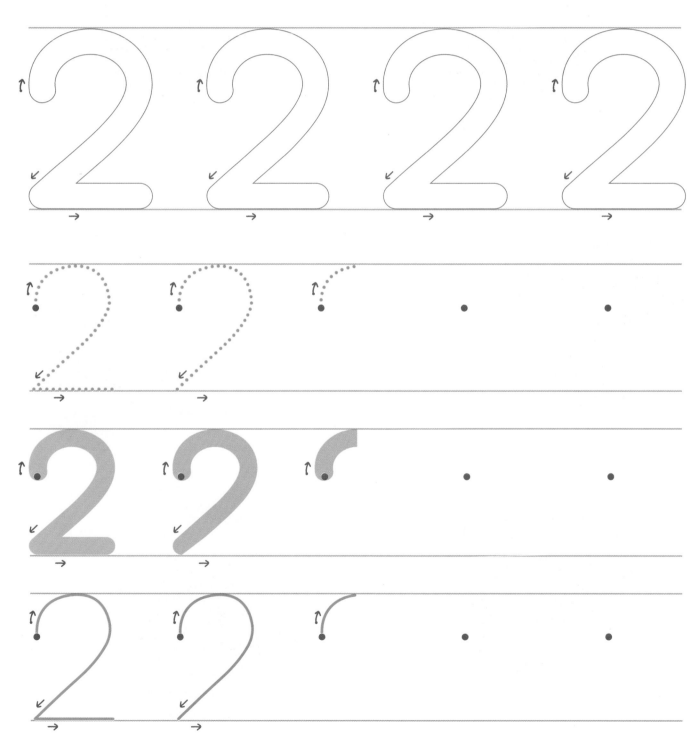

Rodea las orugas en grupos de 2.

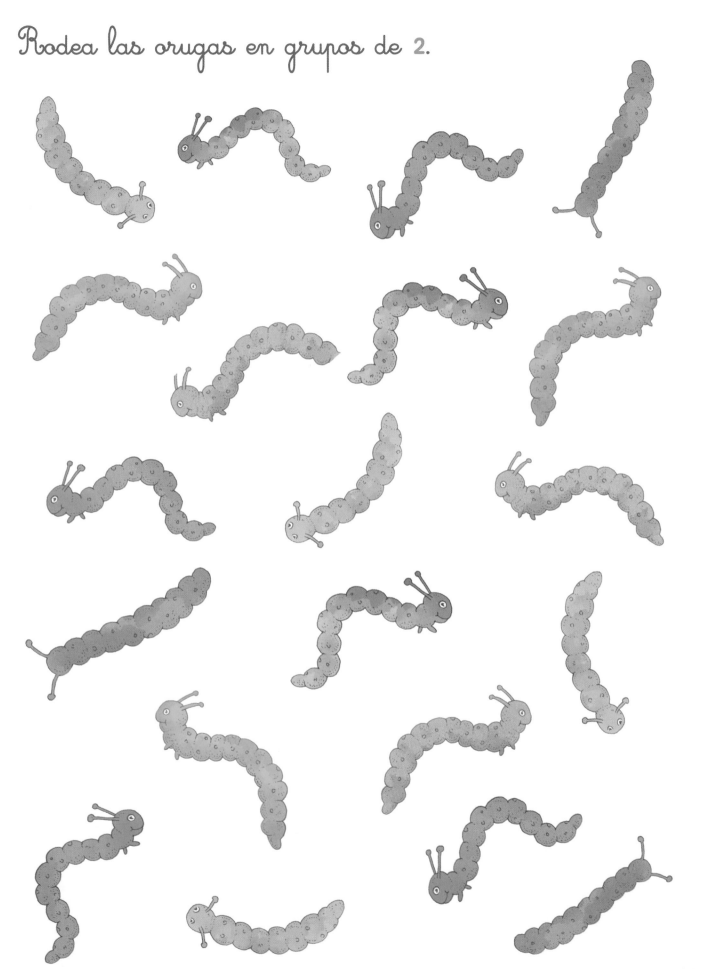

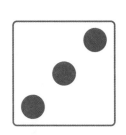

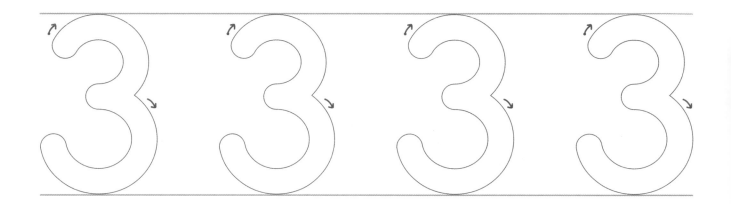

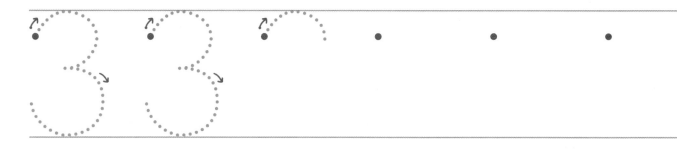

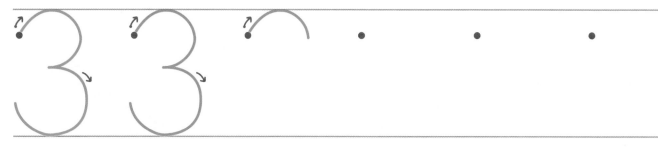

140

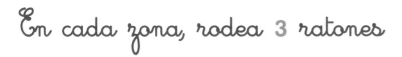

En cada zona, rodea 3 ratones

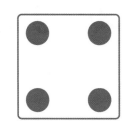

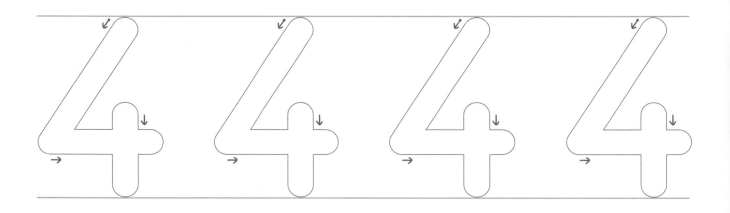

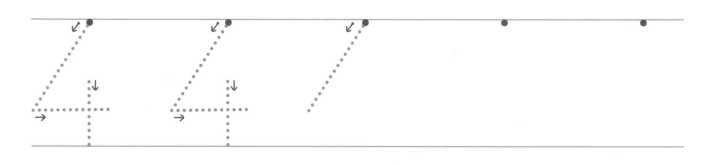

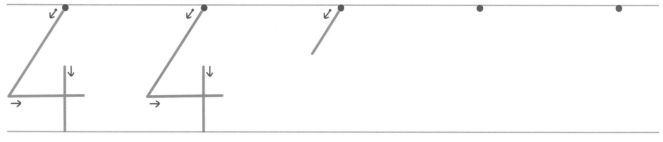

Cuenta los animales y dibuja en cada casilla
tantas estrellas como animales hay.

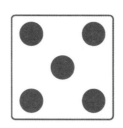

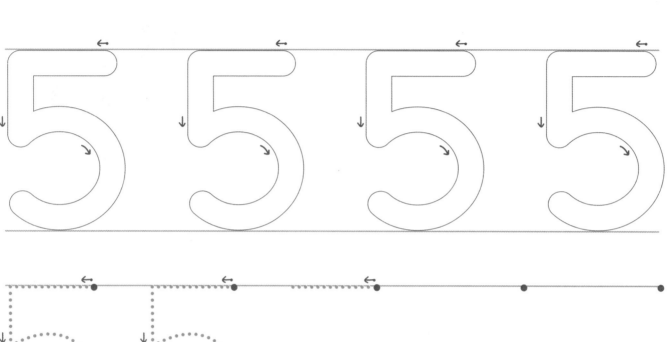

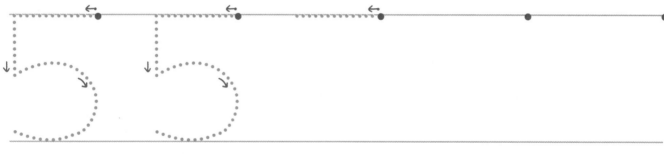

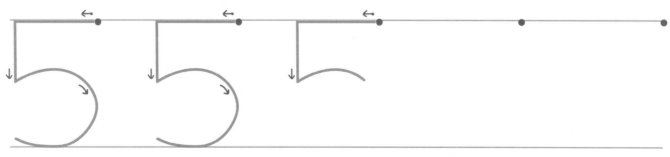

144

Dibuja lo que falta para completar cada línea
y llegar a la cifra indicada.

1

2

3

4

5

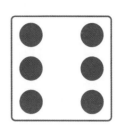

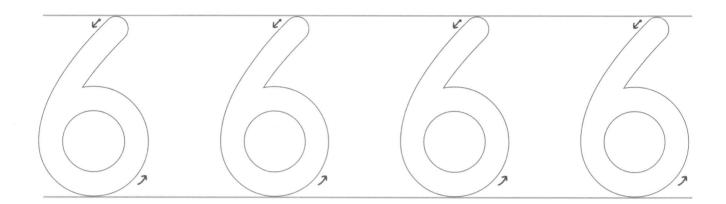

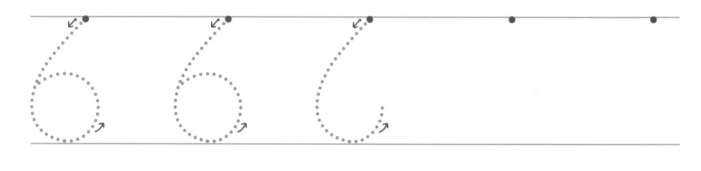

Agrupa las abejas por grupos de 6.

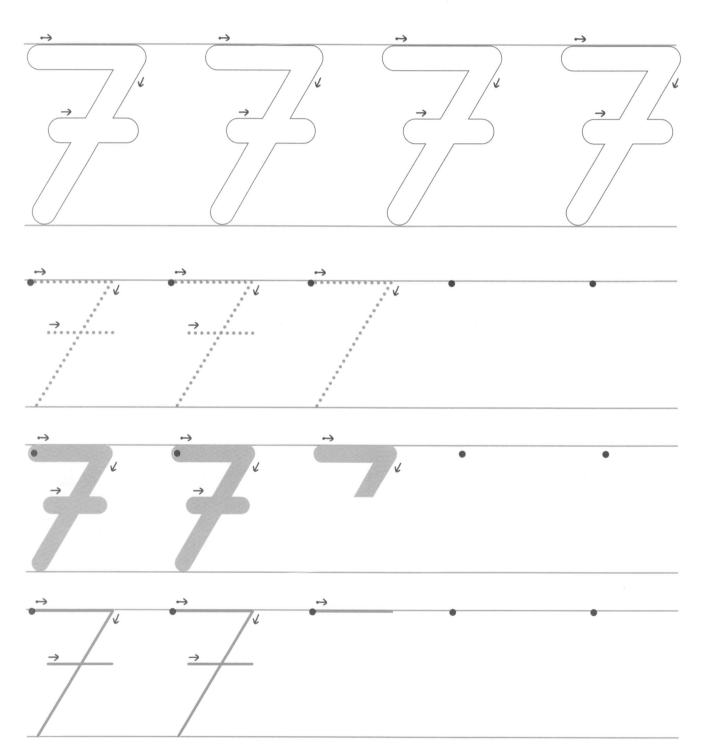

Cuenta los animales y luego rodea con un círculo el número correspondiente.

1 2 3 4 5 6 7

1 2 3 4 5 6 7

1 2 3 4 5 6 7

1 2 3 4 5 6 7

1 2 3 4 5 6 7

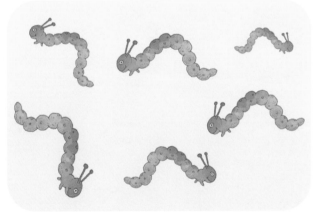

1 2 3 4 5 6 7

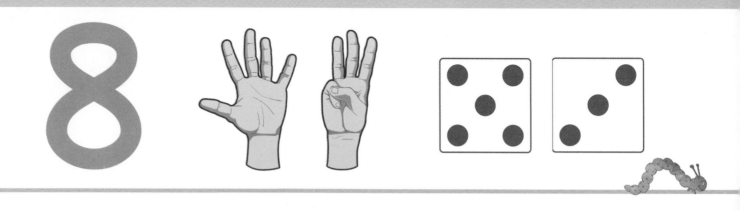

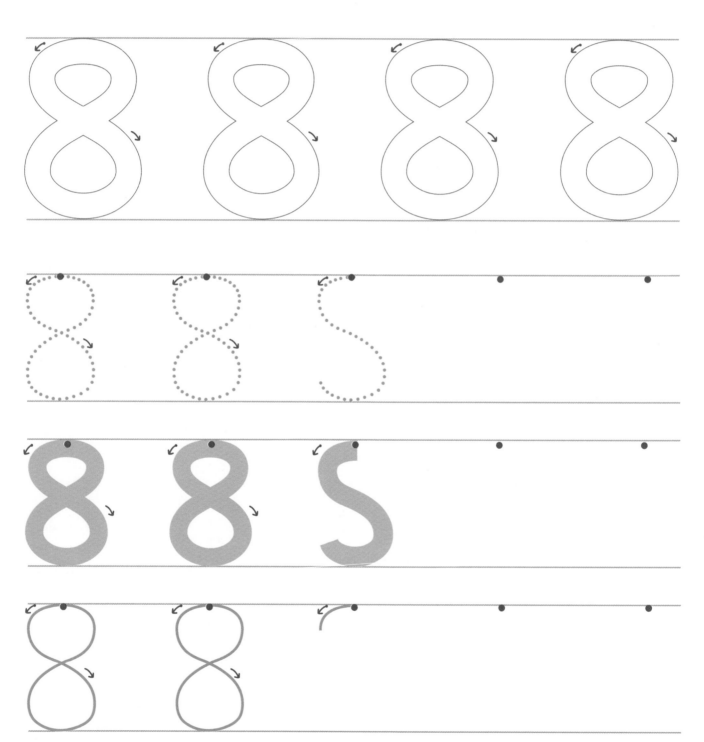

Tacha los intrusos para lograr tener 8 pollitos en cada zona.

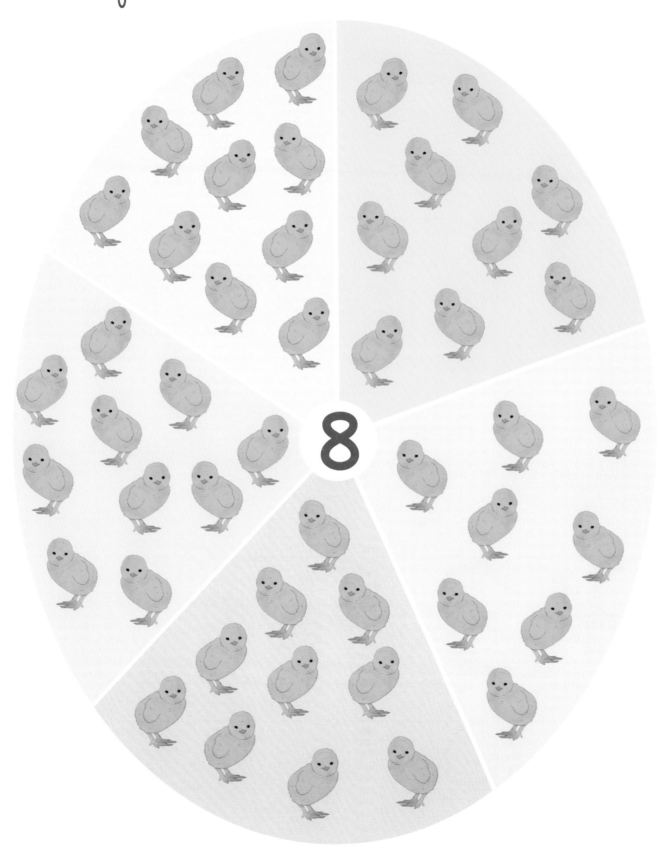

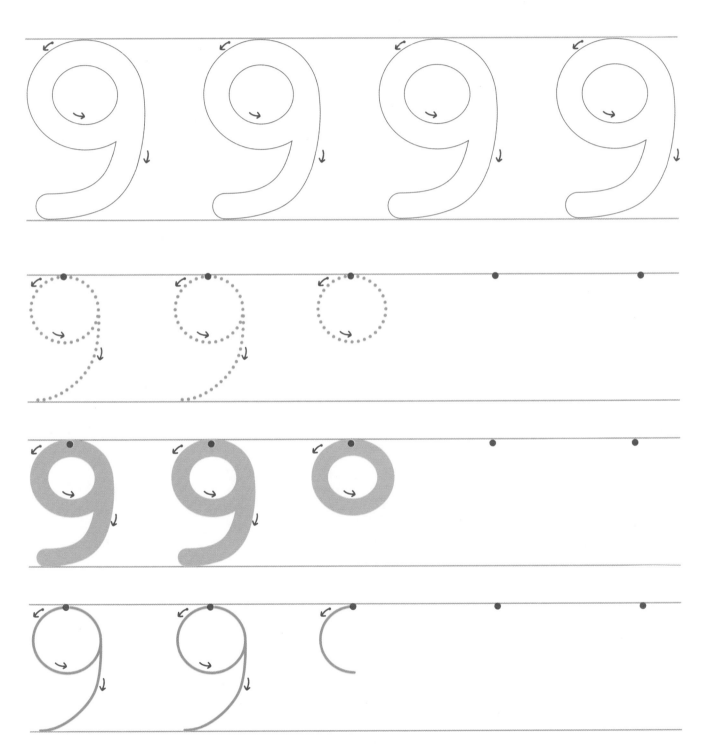

En cada grupo, cuenta los animales y colorea
el número de círculos correspondiente.

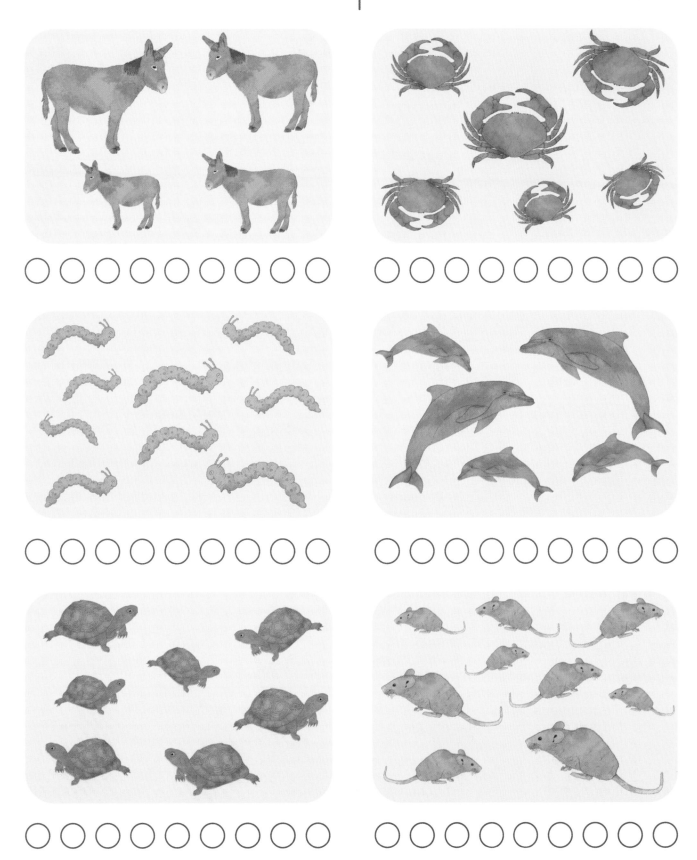

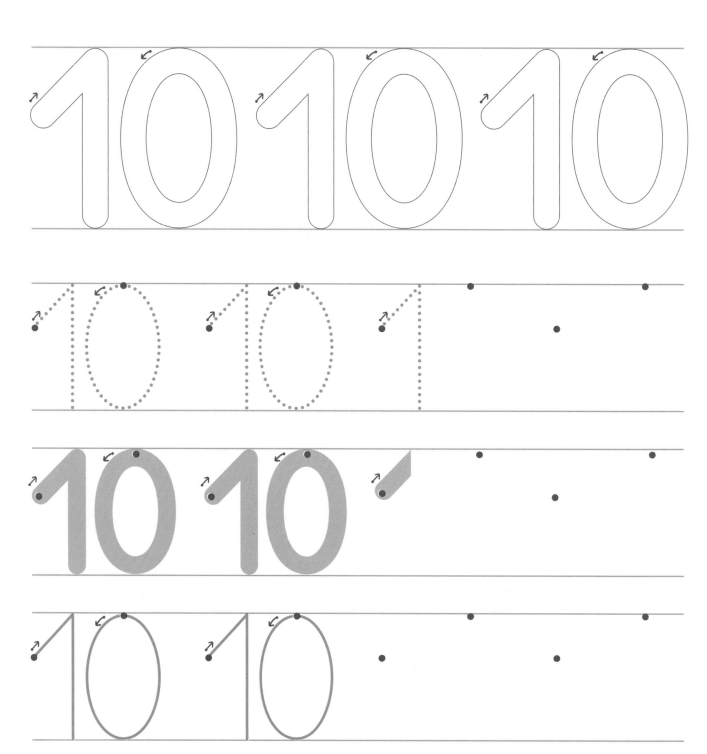

Cuenta los animales y escribe en cifras la cantidad que encuentres.

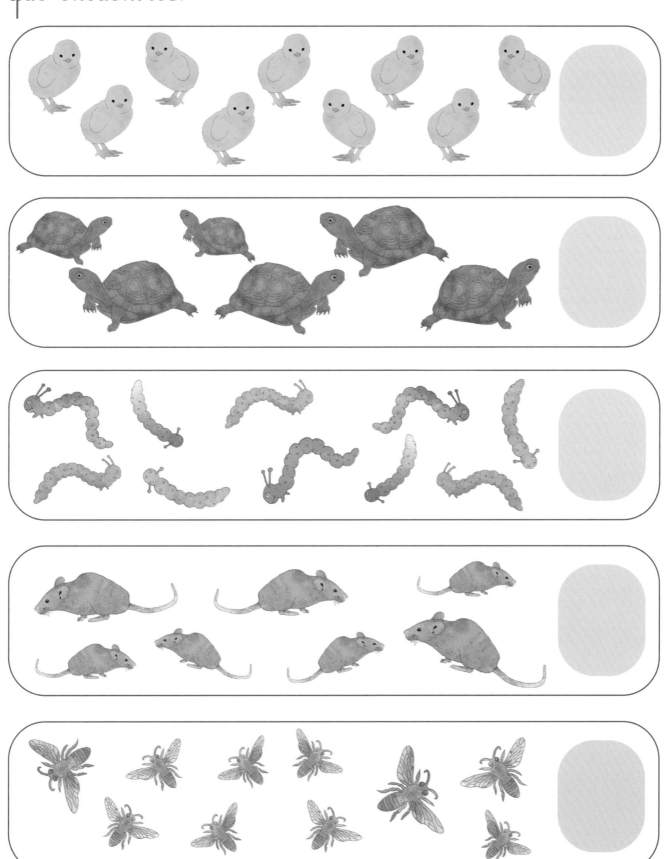

Lo que aprendí

Gracias a esta última parte, tu hijo podrá medir
sus progresos y sus logros por medio
de unos ejercicios más complejos.

Pídele a un adulto que escriba tu nombre en mayúsculas. Luego pinta de azul las letras que componen tu nombre y de verde las demás.

mi nombre: _____

A B C D E

F G H I J K

L M N Ñ O P

Q R S T U

V W X Y Z

Las flores

Colorea de rojo la flor de **6** pétalos; de amarillo, la de **7** pétalos, y, de rosa, la de **8** pétalos. Después decora el jarrón.

La canción del alfabeto

En la escuela del bosque,
todo el mundo conoce el alfabeto.

Al burrito le gusta pasear.
ABCD

El pollito juega al escondite.
EFGH

La ratoncita se escabulle.
IJKL

El lobo está muy ocupado.
MNÑOP

La oveja no deja de pastar.
QRST

El lince está enfadado.
UVW

Pero todos cantan muy concentrados.
XYZ

Círculos, triángulos y rectángulos

Recorta las imágenes de la página 191, luego selecciónalas según su forma. A continuación, busca a tu alrededor objetos redondos, triangulares o rectangulares.

Los 5 continentes

Recorta en la página 191 los nombres de los continentes y luego pégalos en el lugar correcto.

A continuación colorea
los continentes respetando
el modelo.

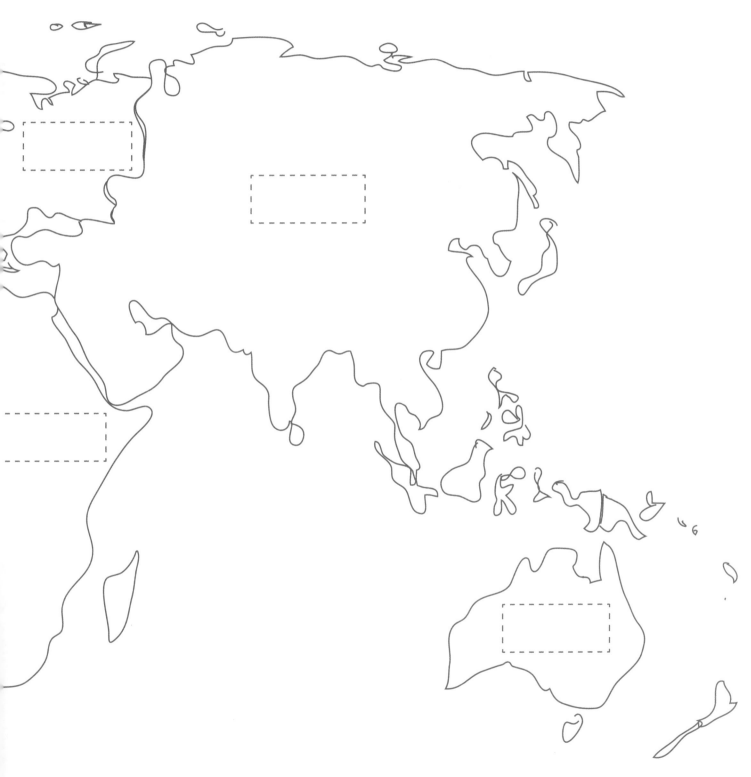

El caracol de colores

Pinta el caracol alternando los colores.
Luego decóralo con los motivos decorativos
que más te gusten.

Formas y colores

Recorta las imágenes de la página 191 y luego pégalas en el lugar adecuado de la tabla, en función de su forma y su color.

△				
○				
□				
▯				

El globo

Repasa las líneas de puntos, luego cuenta las estrellas y colorea según el código de colores.
A continuación dibuja unas nubes alrededor del globo.

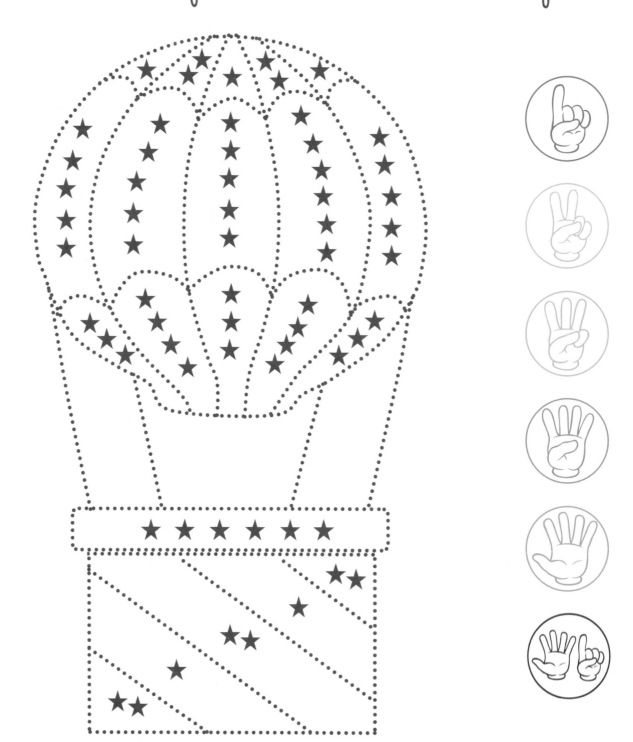

El alfabeto de la abeja

Ayuda a la abeja a llegar a la colmena uniendo por orden las letras del alfabeto. Ayúdate con el modelo.

a
b
c
d
e
f
g
h
i
j
k
l
m
n
ñ
o
p
q
r
s
t
u
v
w
x
y
z

a
g b f h
m k i c d e m
j t a e n t a f b n
d r c k j e g d g
w o p l b i h a e u
r h k m n ñ g p c
a d r i e o w e k k
z u l s g p q r j
s f n x w c i s l t
p y a v u t h
z f b m
o

Los sonidos

Nombra los objetos siguientes y luego une cada uno de ellos con el sonido que le corresponde.

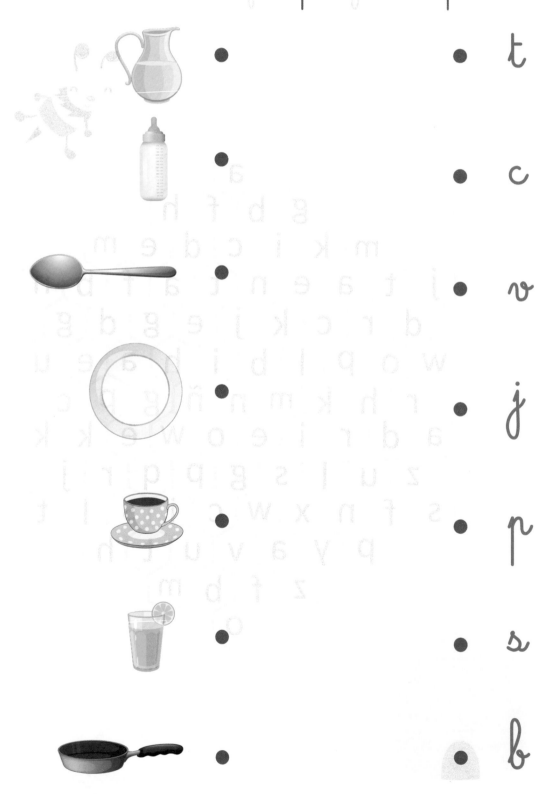

t

c

v

j

p

s

b

La locomotora

Colorea de rojo todos los círculos; de verde, todos los cuadrados, y, de azul, todos los rectángulos.

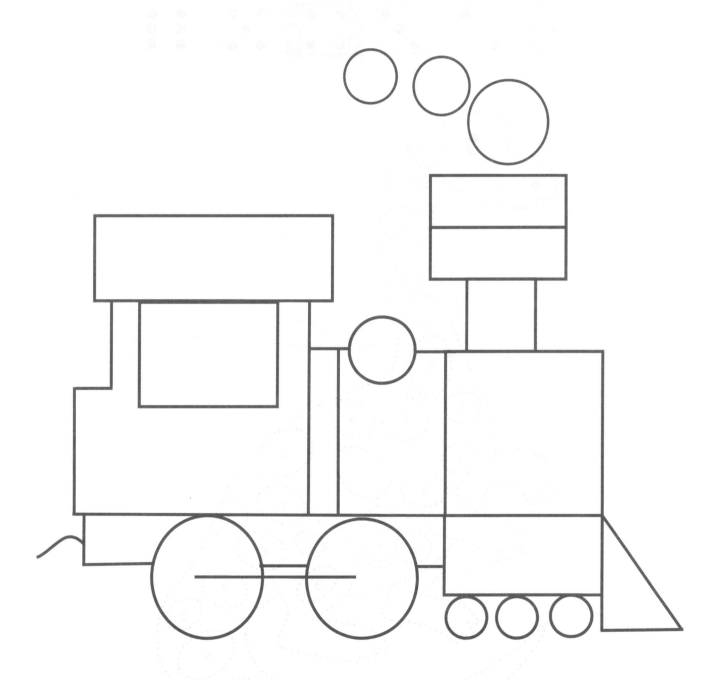

El dinosaurio

Repasa la línea de puntos y luego colorea el dibujo respetando el código de colores.

El laberinto de los números

Traza el camino del 6 pasando por las casillas que correspondan al número 6.

salida

2	⚃	⚀⚁	✋(4)	6	✋✌	⚃	8
☝	☝✌	4	5	9	✌✌	⚀⚃	15
10	⚅⚀	✋✌	⚃⚃	⚅⚅	⚅⚀	6	✋
9	⚁⚁	⚄⚀	✌✋	6	✋☝	✌✌	8
8	✋✌	5	⚃⚃	✌✋	✌✌	15	✌✌
⚁⚁	6	✋	3	⚃⚃	4	12	✋
1	6	9	7	⚃⚃	9	1	⚄⚄
⚃	⚃⚁	13	8	✌✌	✌✌	⚃	4
5	⚁⚁⚁	16	✋✌	⚄⚀	⚄⚀	5	⚃
3	✋✌	⚅⚅	⚁⚀⚁⚀	6	⚄⚁	21
⚁⚃	☝✋	6	✌✌	⚂	⚀⚄	7	7
5	3	9	⚀	5	✌✋	⚀	☝
⚃	⚄	14	✌	6	⚁⚁⚀	⚅⚀	8

llegada

Sigue con tu dedo el camino y nombra las imágenes que encuentres. ¿Qué sonido oyes?

172

Busca otras palabras que terminen con el sonido "ón".

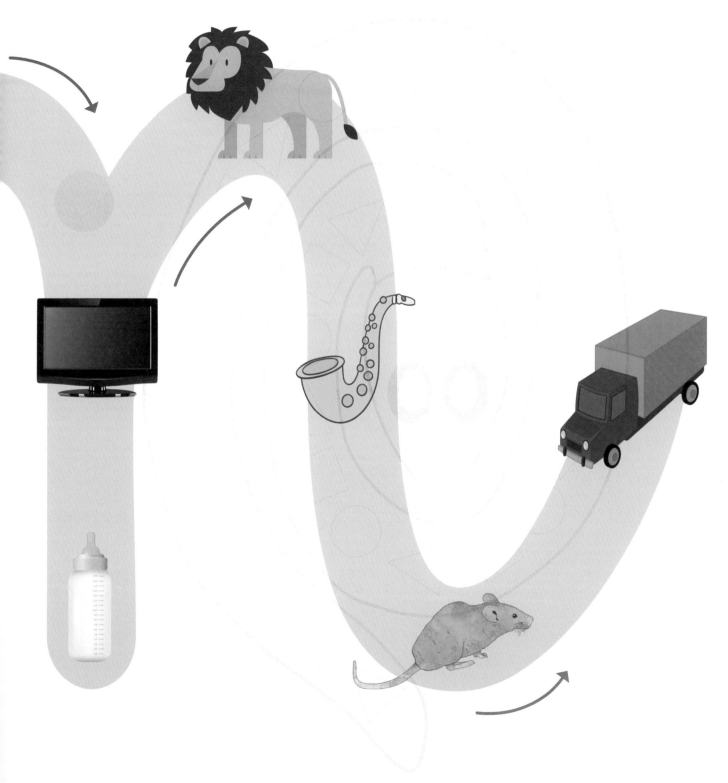

La serpiente

Colorea las formas respetando el código de colores.

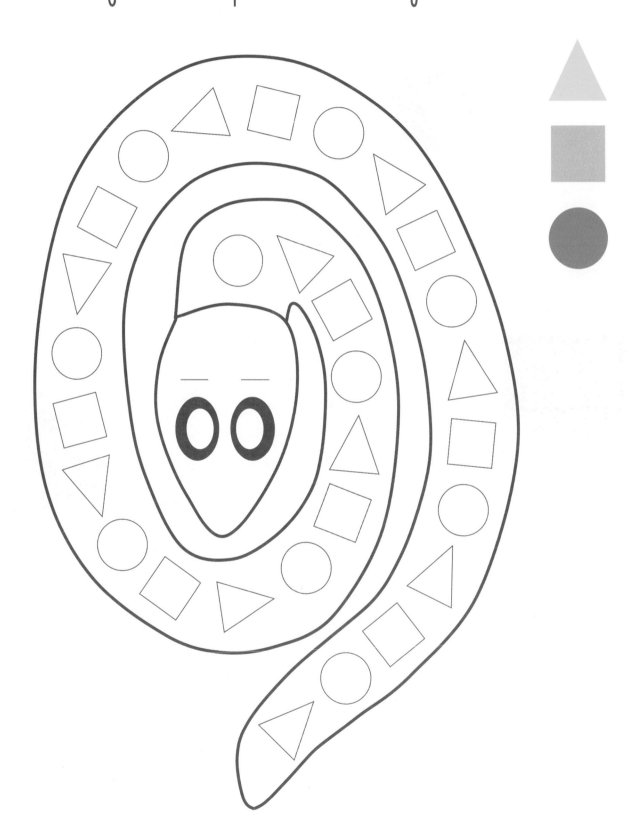

Los intrusos

Nombra las imágenes y luego busca y rodea en cada línea el intruso que se coló entre las rimas.

 delfín

 abeto

 calcetín

 jardín

 violín

 avellana

 manzana

 rana

 lana

 hoja

 fresa

 pera

 bañera

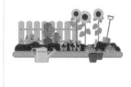 tetera

 cremallera

 casa

 papalote

 motocicleta

 avioneta

 bicicleta

Las casas de los animales

En el tejado de estas casas, escribe el nombre de los animales que viven en ellas. Según el modelo, luego dibuja la constelación correcta en la puerta de entrada.

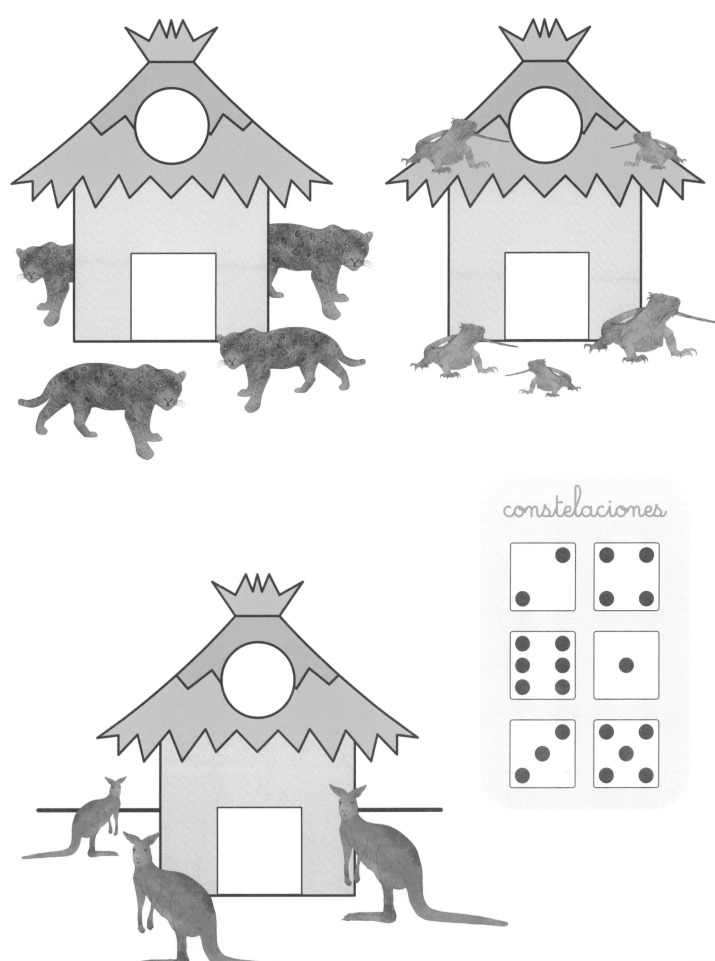

constelaciones

177

Los elefantes

Une los puntos por orden, del 1 al 10.

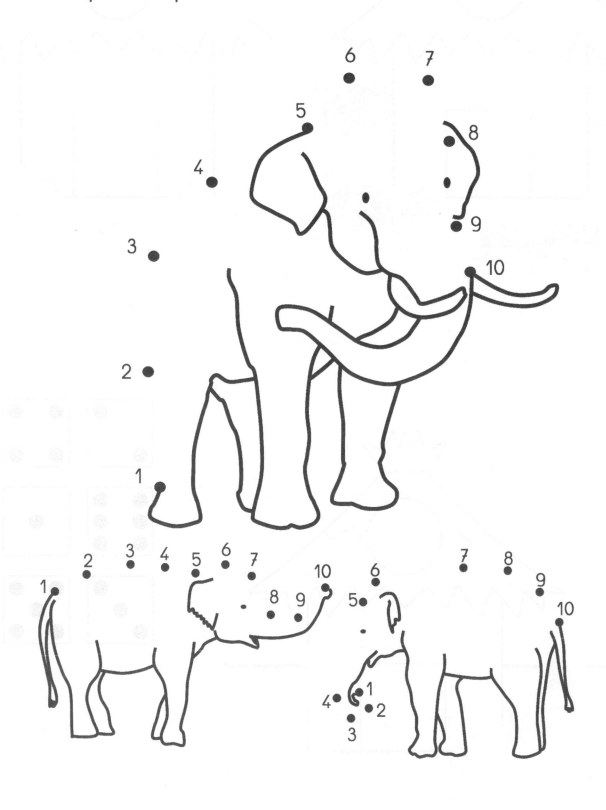

El juego de las mitades página 9

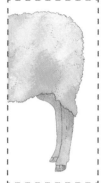

A cada cual, su pelaje página 11

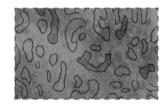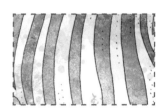

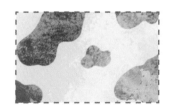

El sudoku de los animales página 12

179

El rompecabezas del elefante página 13

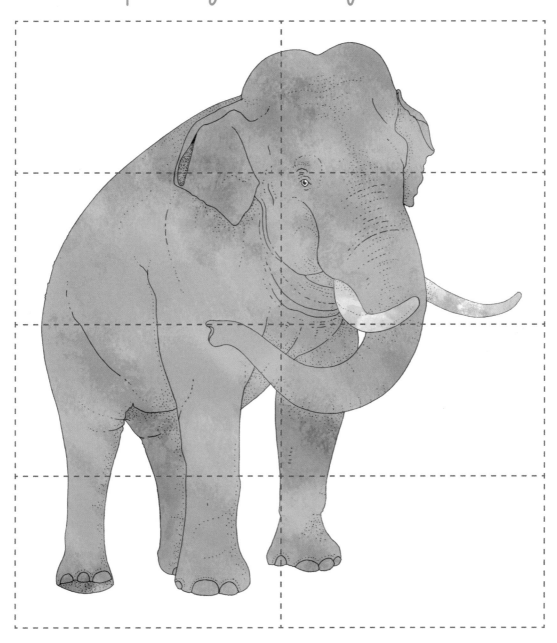

El juego de los colores página 15

Langostas en todos los sentidos página 16

El sudoku de los animales página 24

El rompecabezas del bosque página 26

El rompecabezas del wapití página 27

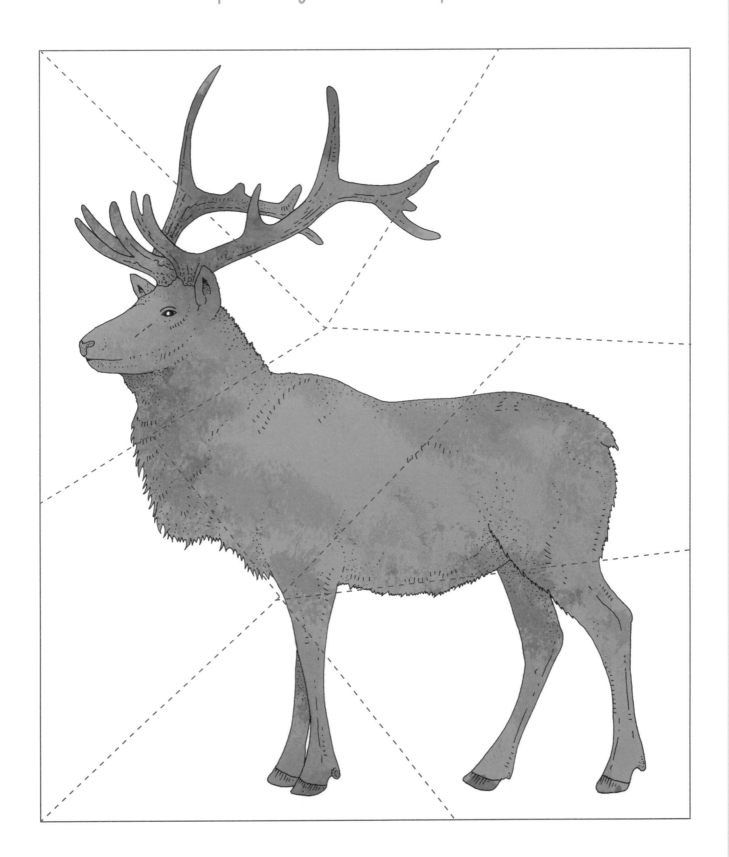

La letra E página 48

e	e	E	e	E	e
e	E	e	e	e	E
e	e	e	e	E	e

El gorila goloso página 55

Las nubes página 84

n	e	E	u	u	b	e	b
U	s	s	N	S	B	n	

Las hojas del abeto página 61

Los lápices azules página 77

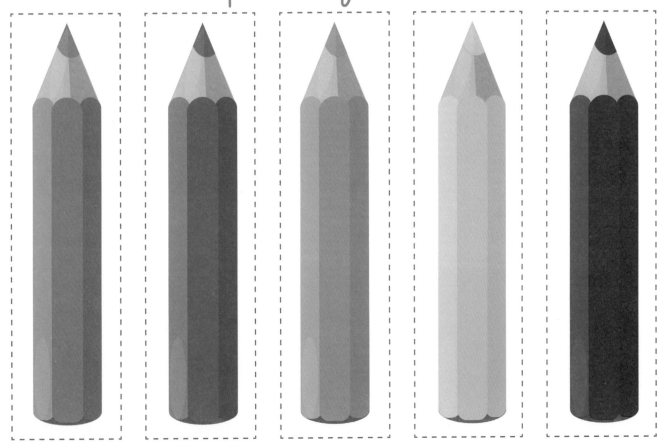

página 61

página 77

Círculos, triángulos y rectángulos página 161

Los 5 continentes página 162

Oceanía África Europa Asia América

Formas y colores página 165

El jardín de las mariposas página 28

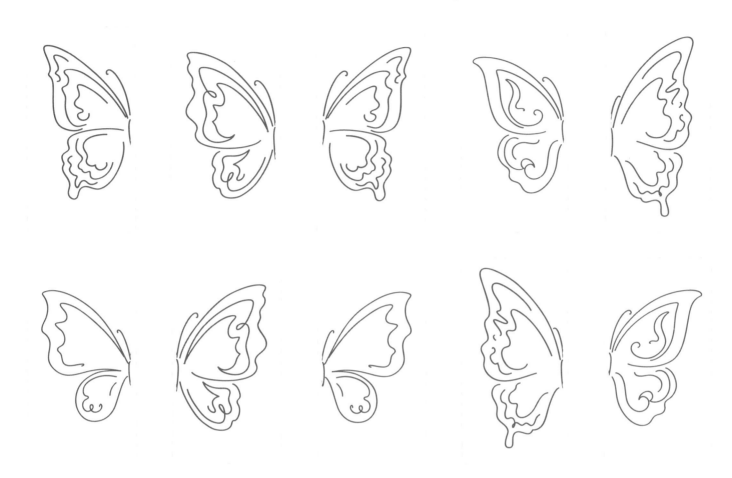

De viaje página 117

vaca chaleco cohete vagón vaso

avión flauta despertador vela violín

El erizo página 47

El manzano página 79

El número 1 página 137

Mi alfabeto móvil

La realización de un alfabeto móvil constituido por letras rugosas, una herramienta indispensable en la pedagogía Montessori, completa, con un enfoque multisensorial, la familiarización del niño con las letras y los sonidos asociados a ellas.

Crear y utilizar mi alfabeto móvil

Para Maria Montessori, el lenguaje escrito es una conquista del espíritu y de su auxiliar, la mano. Su pedagogía propone un enfoque fonético: el interés se centra en el sonido producido por la letra, y no en su nombre. Gracias al alfabeto móvil, tu hijo aprenderá el trazado y, al mismo tiempo, el sonido de las letras. En un enfoque sensorial, la utilización de las letras rugosas asociará la vista, el tacto y el oído: tu hijo verá la forma de la letra, la notará y oirá el sonido que produce.

Preparación del material

Para realizar las letras rugosas, se necesitan materiales sencillos y al alcance de todos: un material granulado (azúcar, sal, sémola fina, sales de baño, arena, bolitas, etc.) y una sustancia adhesiva (pegamento líquido, barniz, etc.). Para que las tarjetas sean más atractivas, elige materiales de colores (barniz de color, bolitas de colores).

Realización

1. Recorta las láminas de las letras y, luego, cada tarjeta, para obtener 16 tarjetas con letras.
2. Cubre el interior de las letras de la sustancia adhesiva sin salirte del contorno.
3. Espolvorea con azúcar, sémola fina, arena...
4. Deja secar unos minutos.
5. Retira el material sobrante dando la vuelta a la tarjeta sobre un recipiente.

¡Las tarjetas rugosas ya están listas para usar! Para conferirles más solidez, puedes pegar estas tarjetas sobre un cartón más grueso o sobre pequeñas tablillas de madera.

Aplicación

Colócate a la derecha de tu hijo y sigue lentamente el contorno de la letra elegida con los dedos índice y corazón a la vez que pronuncias el sonido de la letra. Procura seguir el sentido indicado por las flechas (el punto indica la flecha por la que hay que comenzar). Empieza varias veces.

Invita a tu hijo a que él también siga la letra con los dedos índice y corazón, a la vez que pronuncia el sonido, sin interrumpirse. Frente a esta imitación, recuerda siempre que, en la pedagogía Montessori, el proceso es lo esencial, no el resultado. Su esfuerzo no debe dar lugar a un juicio de valor ni a ningún comentario de tu parte.

Prolongación

Una vez terminada la imitación, propón a tu hijo un objeto que conozca y que sepa nombrar. Puede tratarse de un utensilio de uso cotidiano o de uno de sus juguetes. Nombra el objeto elegido insistiendo en el sonido inicial: la "b" de "balón", la "d" de "dedo".

Traza de nuevo la letra rugosa y propón a tu hijo que haga lo mismo.

Se aconseja trabajar 2 o 3 sonidos como máximo por semana, priorizando sonidos muy distintos, que a menudo se clasifican por grupos:

– 1er grupo: c m a t;

– 2° grupo: s r i p;

– 3er grupo: b f o g;

– 4° grupo: h j u l ñ;

– 5° grupo: d w e n;

– 6° grupo: k q v x y z.

Cuando hayas trabajado así con los sonidos del 1er grupo, muestra a tu hijo los 4 o 5 objetos, así como las 4 o 5 letras rugosas correspondientes, y pregúntale, por ejemplo:

– ¿Dónde está la "mm"?

– ¿Me puedes enseñar el sonido "tt"?

– ¿Te acuerdas de cómo suena esta letra?

– ¿Qué objeto empieza con "a"?

Esta etapa esencial es larga: se necesitarán numerosas repeticiones. Recuerda que tu hijo necesita tiempo, y no dudes en interrumpir la sesión cuando aparezcan los primeros indicios de cansancio.

Cuando tu hijo sea capaz de decir con facilidad el sonido de las letras y de asociarles los objetos, podrás acercarle una pequeña bandeja con arena o sémola, donde él podrá trazar la letra. Con ello reforzará la preparación de su mano y le permitirá adquirir confianza antes de lanzarse a las actividades de grafismo.

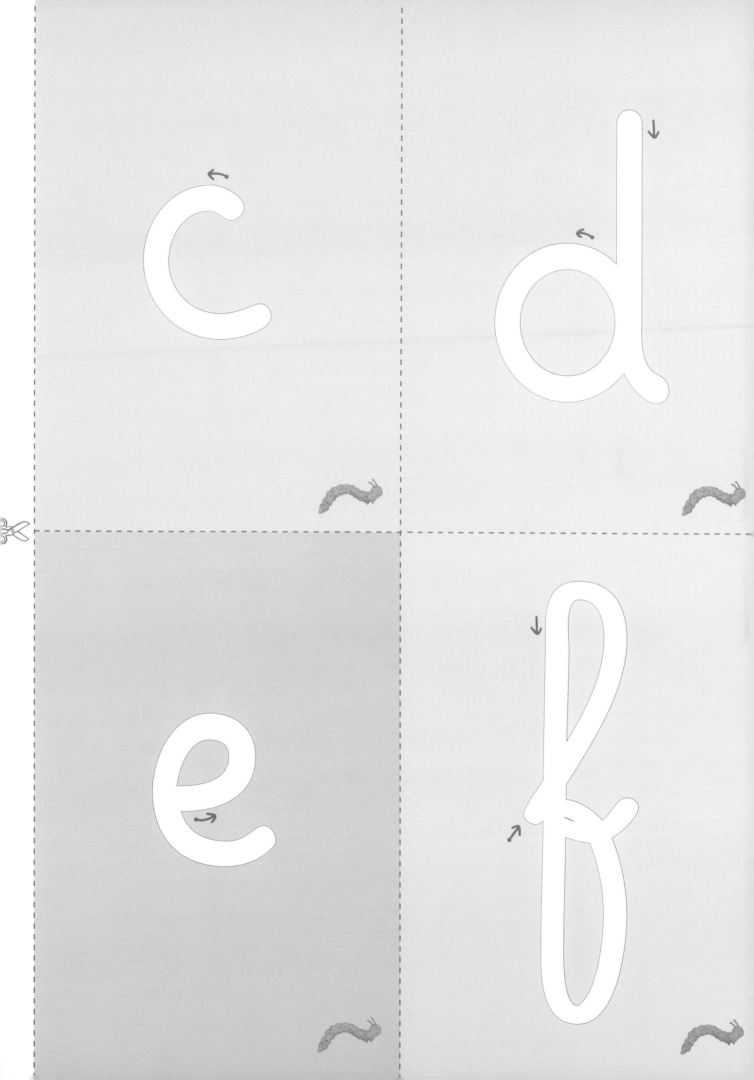

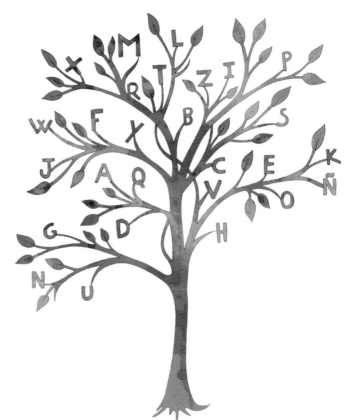

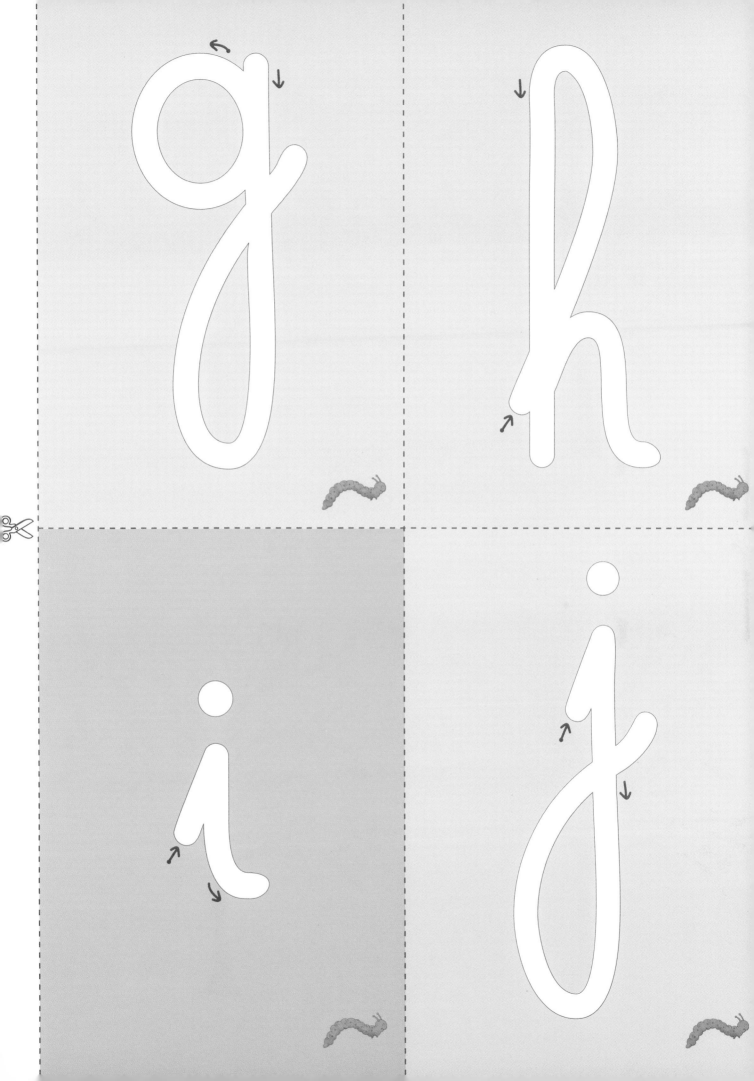

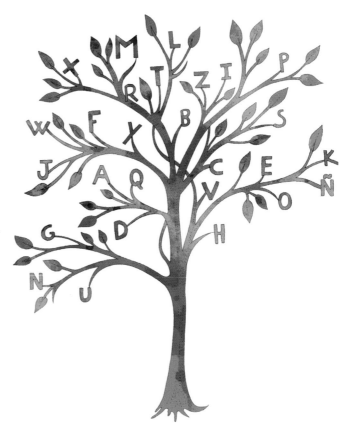

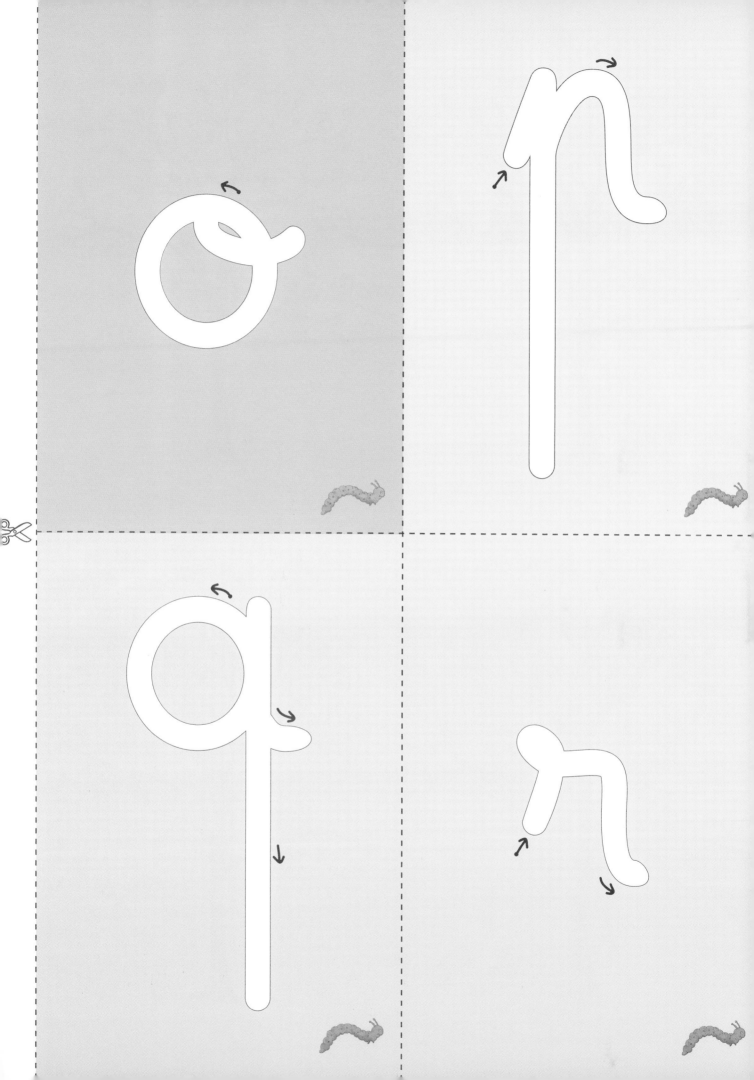

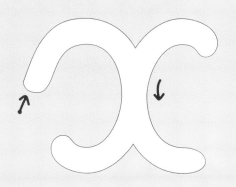
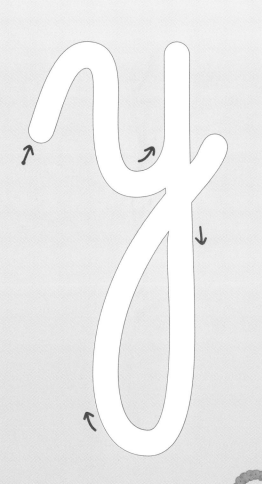
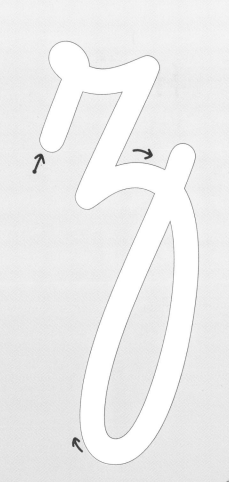